चाँद का मुँह टेढ़ा है

कविता-संग्रह

चाँद का मुँह टेढ़ा है

गजानन माधव मुक्तिबोध

वाणी प्रकाशन ग्रुप

भारतीय ज्ञानपीठ

वाणी प्रकाशन : भारतीय ज्ञानपीठ की पुस्तकों के एकमात्र प्रकाशक एवं वितरक

Email : sales@vaniprakashan.in

लोकोदय ग्रन्थमाला : ग्रन्थांक 201

पेपरबैक पहला संस्करण : 1964
पेपरबैक पाँचवाँ संस्करण : 1978
पेपरबैक दसवाँ संस्करण : 1993
पेपरबैक पन्द्रहवाँ संस्करण : 2003
पेपरबैक बीसवाँ संस्करण : 2010
पेपरबैक इक्कीसवाँ संस्करण : 2013
पेपरबैक बाईसवाँ संस्करण : 2015
पेपरबैक तेईसवाँ संस्करण : 2015
पेपरबैक चौबीसवाँ संस्करण : 2018
पेपरबैक पच्चीसवाँ संस्करण : 2019
पेपरबैक छब्बीसवाँ संस्करण : 2021
पेपरबैक सत्ताईसवाँ संस्करण : 2024
पेपरबैक अट्ठाईसवाँ संस्करण : 2025

वाणी प्रकाशन : भारतीय ज्ञानपीठ की पुस्तकों के एकमात्र प्रकाशक एवं वितरक

वाणी प्रकाशन

4695, 21-ए, दरियागंज, नयी दिल्ली-110 002
दूरभाष : 011-23273167, 23275710
ईमेल : sales@vaniprakashan.in
www.vaniprakashan.com

ISBN : 978-93-5775-322-7

मूल्य : ₹ 300

चाँद का मुँह टेढ़ा है
(कविता-संग्रह)
गजानन माधव मुक्तिबोध

CHAAND KA MUNH TERHA HAI
(Poetry Collection)
by Gajanan Madhav Muktibodh

मुद्रक : आर. टेक ऑफ़सेट प्रिंटर्स, दिल्ली-110 032

माँ और पिताजी

को

संकेतिका

प्रथम संस्करण से : श्रीकान्त वर्मा 9

एक विलक्षण प्रतिभा (भूमिका) : शमशेरबहादुर सिंह 11

भूल-ग़लती 31

पता नहीं··· 34

ब्रह्मराक्षस 37

दिमाग़ी गुहान्धकार का ओरॉंगउटॉंग! 44

लकड़ी का बना रावण 47

चाँद का मुँह टेढ़ा है 52

डूबता चाँद कब डूबेगा 69

एक भूतपूर्व विद्रोही का आत्म-कथन 79

मुझे पुकारती हुई पुकार 87

मुझे क़दम-क़दम पर 91

मुझे याद आते हैं 94

मुझे मालूम नहीं 101

मेरे लोग 106

मेरे सहचर मित्र 110

मैं तुम लोगों से दूर हूँ 121

कल जो हमने चर्चा की थी 123

एक अन्तःकथा 128

एक अरूप शून्य के प्रति 135

ओ काव्यात्मन् फणिधर! 139

नक्षत्र-खण्ड 150

चकमक की चिनगारियाँ 155
शून्य 170
जब प्रश्न-चिह्न बौखला उठे 172
एक स्वप्न-कथा 185
अन्तःकरण का आयतन 200
इस चौड़े ऊँचे टीले पर 212
चम्बल की घाटी में 230
अँधेरे में 254

प्रथम संस्करण से

मुक्तिबोध अगर स्वस्थ होते तो पता नहीं अपनी कविताओं का संकलन किस प्रकार करते। शायद उन्होंने अपनी कविताएँ अधिक विवेक और परख के साथ चुनी होतीं क्योंकि इन तमाम आत्मपरक कविताओं के कवि मुक्तिबोध न केवल दूसरों के प्रति बल्कि खुद अपने प्रति एक सही और तटस्थ दृष्टि रखते थे और, दूसरों से या अपनों से उन्हें जो भी मोह रहा हो, अपने से मोह उन्हें कभी नहीं रहा।

अपने प्रति यह निर्मोह उनकी इन कविताओं की रचना-प्रक्रिया में भी प्रकट है जिन्हें उन्होंने कई बार लिखा है और एक ही कविता के कई प्रारूप हैं। इस संकलन में अन्तिम प्रारूपों को ही शामिल किया गया है, हालाँकि मुक्तिबोध ने इन्हें अन्तिम प्रारूप मान लिया होगा यह विश्वास कर सकना कठिन है।

अपने-आपसे, जैसे किसी पहाड़ से, बराबर जूझते रहनेवाले कवि की ये लम्बी कविताएँ ज़्यादातर पिछले दस साल की हैं। मुक्तिबोध का पहला संकलन उनकी पहली कविताओं का नहीं बल्कि अन्तिम (फ़िलहाल जब तक वह नीरोग नहीं होते तब तक अन्तिम) कविताओं का संकलन हो—हमारे सामाजिक जीवन में कविता को क्या स्थान हासिल है, इसका इससे अच्छा परिचय और क्या मिल सकता है! वास्तव में कविता मरणासन्न है या समाज, इसका फ़ैसला भी कवि और समाज दोनों ही अपने-अपने ढंग से करेंगे। मुक्तिबोध तो शायद यह नहीं मानते मगर मैं यह ज़रूर मानता हूँ कि अपनी मृत्यु के लिए कवि भले ही ज़िम्मेदार हो, समाज की मृत्यु के लिए क़तई नहीं।

किसी और कवि की कविताएँ उसका इतिहास न हों, मुक्तिबोध

की कविताएँ अवश्य उनका इतिहास हैं। जो इन कविताओं को समझेंगे उन्हें मुक्तिबोध को किसी और रूप में समझने की ज़रूरत नहीं पड़ेगी। ज़िन्दगी के एक-एक स्नायु के तनाव को एक बार जीवन में और दूसरी बार अपनी कविताओं में जीकर मुक्तिबोध ने अपनी स्मृति के लिए सैकड़ों कविताएँ छोड़ी हैं और ये कविताएँ ही उनका जीवनवृत्तान्त हैं।

बीमारी के दौरान मुक्तिबोध ने इच्छा ज़ाहिर की कि इस संकलन में उनकी दो कविताएँ—'चम्बल की घाटियाँ' और 'आशंका के द्वीप : अँधेरे में'—जरूर शामिल की जाएँ। दोनों एक के बाद दूसरी छापी जाएँ और दूसरी का शीर्षक बदल दिया जाए। उन्होंने कहा था कि 'आशंका के द्वीप : अँधेरे में' शीर्षक एक विशेष मनःस्थिति के प्रवाह में मैंने दिया था। उनकी इच्छा के मुताबिक़ शीर्षक से मैंने 'आशंका के द्वीप' हटा दिया है, हालाँकि मुझे लगता है यह शीर्षक इस कविता के अर्थ को अधिक अच्छी तरह व्यंजित करता है। ये दोनों ही कविताएँ उनकी बीमार पड़ने के कुछ ही समय पहले की कविताएँ हैं और इस दृष्टि से अब तक की कविताओं में ये उनकी अन्तिम कविताएँ हैं।

मुक्तिबोध को शायद यह भी भय था कि वे अब अपनी अधूरी कविताएँ पूरी नहीं कर पाएँगे अतः उन्होंने मुझसे कहा था कि उनकी कुछ अधूरी कविताएँ सम्पादित कर मैं इस संकलन में शामिल कर दूँ। मगर यह सोचकर कि मुक्तिबोध की रचना-प्रक्रिया समझने में उनकी ये अधूरी कविताएँ सहायक होंगी, मैंने उन्हें वैसा का वैसा एक अलग संकलन में छपने के लिए रख छोड़ा है।

मुक्तिबोध, जो अपनी कविताओं को अपनी ज़िन्दगी से अधिक सहेजते थे, इस समय अपना संग्रह देख सकने में असमर्थ हैं : बेहोश हैं। लेकिन वे सब नवयुवक कवि जिन्हें मुक्तिबोध ने इस हद तक प्रेम किया है कि वे कभी मुक्तिबोध को भूल नहीं सकते, यह विश्वास करते हैं कि वे पूरी तरह नीरोगी होंगे और अपनी कविताओं के पहले संकलन को देख सकने में समर्थ होंगे।

इस संकलन के प्रकाशन में अनेक नवयुवक साहित्यकारों की दिलचस्पी रही है और संकलन के लिए कविताओं के चुनाव में मुख्य रूप से श्री अशोक वाजपेयी की सहायता प्राप्त हुई है।

—श्रीकान्त वर्मा

14 अगस्त, '64
नयी दिल्ली

एक विलक्षण प्रतिभा

(प्रथम संस्करण से)

एकाएक क्यों सन् '64 के मध्य में गजानन माधव मुक्तिबोध विशेष रूप से महत्त्वपूर्ण हो उठे? क्यों 'धर्मयुग', 'ज्ञानोदय', 'लहर', 'नवभारत टाइम्स'—प्रायः सभी साप्ताहिक, मासिक और दैनिक उनका परिचय पाठकों को देने लगे और दिल्ली की साहित्यिक, हिन्दी दुनिया में एक नयी हलचल-सी आ गयी?

इसलिए कि गजानन माधव मुक्तिबोध एकाएक हिन्दी संसार की एक घटना बन गये। कुछ ऐसी घटना जिसकी ओर से आँख मूँद लेना असम्भव था। उनकी एकनिष्ठ तपस्या और संघर्ष, उनकी अटूट सचाई, उनका पूरा जीवन, सभी एक साथ हमारी भावना के केन्द्रीय मंच पर सामने आ गये। और हमने अब उनके कवि और विचारक को एक नयी आश्चर्य-दृष्टि से देखा।

गत फ़रवरी से पक्षाघात : मई के अन्त में 'गरदन तोड़' (मेनिजाइटिस) की बीमारी : और तब से—यह अगस्त है—अचेतनावस्था। कहना आवश्यक नहीं कि यद्यपि मुक्तिबोध को अधिक लोग अभी नहीं जान सके हैं, राहुल और निराला के अन्तिम चित्र चुनौती बनकर एक प्रश्न-चिह्न-से हमारे सामने खड़े हो गये। लेकिन इस बार एक ज़रा-सा अन्तर था। जो चुनौती आयी थी उसे आगे बढ़कर स्वीकारा—श्रीकान्त वर्मा और हरिशंकर परसाई-जैसे उन अनेक युवा साहित्यकारों ने जो स्वतन्त्र भारत में बढ़कर जवान हुए थे। और कह सकते हैं कि भारत सरकार ने भी अपनी जगह पर देरी नहीं की। फिर भी, फिर भी...यह मर्द कवि बड़ी कड़ियल जान रखता है।

सचेत लेखक वर्ग और नयी सरकार के इस कर्तव्यबोधी सहयोग की एक बहुत संक्षिप्त झाँकी ले लेना यहाँ समीचीन ही होगा—

7 फ़रवरी, '64। पक्षाघात का पहला प्रहर। दिल्ली से मध्यप्रदेश के मुख्यमन्त्री मिश्रजी के नाम एक तार : "मुक्तिबोध की चिकित्सा शासकीय स्तर पर हो!" तार भेजनेवाले : मैथिलीशरण, काका कालेलकर, मामा वरेरकर, जैनेन्द्र कुमार, आ.रा. देशपाण्डे 'अनिल', बच्चन, प्रभाकर माचवे, भारतभूषण अग्रवाल, नेमिचन्द्र जैन, अशोक वाजपेयी, रघुवीर सहाय, श्रीकान्त वर्मा, सुरेश अवस्थी, कमलेश्वर, अजित कुमार, भीष्म साहनी, निर्मल वर्मा इत्यादि।

मार्च में भोपाल के हमीदिया अस्पताल में मुक्तिबोध का दाखिला। मध्यप्रदेश के श्रेष्ठ चिकित्सकों द्वारा इलाज। स्वास्थ्य में कुछ सुधार। सेरिब्रल थॉम्बॉसिस निदान। 27 मई को बिस्तर में कमज़ोर पड़े मुक्तिबोध पूछ रहे हैं : "नेहरू की तबीयत कैसी है?" शान्ताबाई कहती हैं : "अच्छी है, अच्छी है! आप सो जाइए!..."

प्रत्येक मनु के पुत्र पर विश्वास करनेवाले की आँखों में अविश्वास झलकता है।

6 जून को डॉक्टर 'ट्यूबर्कुलर मेनिजाइटिस' (मस्तिष्क शोध क्षयसहित) बताते हैं। 15 जून को बेहोशी बढ़ती है। थोड़ी-थोड़ी पहचान शेष है। क्षीण! जैसे गये जन्म के परिचय को टटोल रहे हों।...

17 जून की शाम को लालबहादुर शास्त्री के लॉन पर। बच्चन, माचवे, अक्षय कुमार जैन और नये सब कवि।...10-11 बजे नये प्रधान मन्त्री, दिन-भर काम से थके—उसी आस्थापूर्वक विनम्रता से दोनों हाथ जोड़े आते हैं—"आप तो सब साहित्य के पुजारी हैं। मैं क्या कर सकता हूँ।"

(बच्चनजी पूरी स्थिति से उन्हें अवगत कराते हैं। मुक्तिबोध को दिल्ली बुला लिये जाने की बात तय होती है।) दूसरे दिन मध्यप्रदेश के प्रमुख चिकित्सक को ट्रंक-कॉल गया। सहायतार्थ 500 रुपये पहुँचे। यह भी व्यवस्था कर दी गयी कि वे यहाँ वातानुकूलित डिब्बे में लाये जाएँ। अख़बारों में तीन-चार अपीलें निकलीं। कई लेखकों द्वारा हस्ताक्षर दिये हुए वक्तव्य : सब नये लेखक। एक नये आत्मबोध से बँधे। यहाँ नहीं हैं भाषा-भेद (मराठी-हिन्दी के, पुराने सामन्ती मध्यभारत-मध्यप्रदेश के भेद), प्रान्त-भेद (बिहार-यू.पी.-राजस्थान-मध्यप्रदेश-महाराष्ट्र के), जाति-भेद, आय-भेद (यह दिल्ली की ख़ास बीमारी है), प्रगतिवादी-वाद विरोधी भेद : सब मिट गये हैं।

19 जून को श्रीकान्त वर्मा और रघुवीर सहाय फिर शास्त्रीजी से मिले।

> 24 जून को फ़ोन आया। 25 को सवेरे ग्राण्ड ट्रंक से आ रहे हैं, मुक्तिबोध। स्टेशन पर सब जमा हैं।...गाड़ी आती है। मुक्तिबोध नहीं हैं। गहरी निराशा होती है। टेलीफ़ोन से ट्रंक होते-हैं। पता लगता है कल आएँगे।
>
> 26 जून को दिल्ली स्टेशन पर डेढ़ घण्टा लेट ग्राण्ड ट्रंक। भयानक गरमी और उमस...। गाड़ी आती है। एअरकण्डीशण्ड डिब्बे में मुक्तिबोध बेहोश पड़े हैं। साथ में हरिशंकर परसाई आये हैं। शान्ताबाई से छोटे बच्चे गिरीश को हम लेते हैं। डिब्बे के बाहर एक स्ट्रेचर बिछाया जाता है प्लेटफ़ॉर्म पर। उन्हें उठाकर डॉक्टर और परिचारक लाते हैं, उनका चेहरा काला हो रहा है, आँखें बन्द हैं। बीच-बीच में होंठ हिलते अर्थहीन बुदबुदाते हैं। हाथ-पैर सूखकर कितने पतले हो गये हैं। किसी को नहीं पहचानते। किसी को नहीं जानते।
>
> स्ट्रेचर एम्बुलेन्स कार में चला गया। कमरा नं. 208 में मेडिकल इन्स्टीट्यूट में पहुँचाये गये। अब डॉक्टरों ने उनका चार्ज ले लिया है। नाक के सहारे ट्यूब लगाकर गिज़ा दी जा रही है।
>
> बेहोशी, बेहोशी। बीच-बीच में कष्ट से कराहते हैं। ज़ोर से एक चीख़ उठती है। कभी बुदबुदाहट...राम-राम राम-राम...राधे-कृष्ण...[1]

और अब अगस्त का दूसरा सप्ताह। भारत के सबसे बड़े चिकित्सा-संस्थान के डॉक्टरों ने आख़िर...डॉ. विग, डॉ. विरमानी, डॉ. टण्डन, डॉ. बजाज आदि ने आख़िर...कहीं बड़ी भारी चूक हो गयी थी? बड़ी देर कर दी गयी थी? फिर भी मैं कहूँगा, यह जीवन हारा नहीं, 'ख़त्म' (?) भले ही हो गया। वह जीवन : वास्तव में तो अब शुरू हुआ है! मगर कैसा जीवन था वह? और ऐसे उसका अन्त क्यों हुआ? और, वह समुचित ख्याति से अब तक वंचित क्यों रहा?

जीवन-कथा

ऋग्वेदी कुलकर्णी ब्राह्मणों में किसी पूर्वज ने 'मुग्ध-बोध' या 'मुक्त-बोध' नाम का ('दास-बोध' की तरह का, या जवाब में?) कोई आध्यात्मिक ग्रन्थ सम्भवतः खिलजी काल में लिखा था। कालान्तर में उसी पर वंश का नाम चल पड़ा। अँगरेज़ों का राज आने पर गजानन मुक्तिबोध के परदादा वासुदेव जलगाँव (ख़ान्देश) से नौकरी के लिए ग्वालियर राज्य आये। वह अपने साथ स्वप्नदर्शन के फलस्वरूप प्राप्त एक

---

1. 'धर्मयुग' 19 जुलाई, 1964 'दिल्ली में मुक्तिबोध' : डॉ. प्रभाकर माचवे।

शिवलिंग भी लाये थे, जिसकी आज तक परिवार में श्रद्धा से पूजा होती है। कवि के दादा टोंक में दफ़्तरदार थे और अपने फ़ारसी ज्ञान के कारण 'मुंशीजी' के नाम से मशहूर थे। पिता, माधव मुक्तिबोध को भी बहुत शुस्ता फ़सीह उर्दू बोलते मैंने सुना है। ये कई स्थानों में थानेदार रहकर उज्जैन में इन्सपेक्टर पद से रिटायर हुए। पूजापाठी, न्यायनिष्ठ, मगर बहुत दबंग और निर्भीक; ड्यूटी के कठोरता से पाबन्द, राजभक्त। ख़ासी धाक। रिश्वत नहीं ली, न पैसा जमा किया। अपनी आन पर जिये। फ़ाकेमस्ती के जीवन में कुछ यही आन, मूक हठ-सी, हम गजानन मुक्तिबोध के व्यक्तित्व में भी देखते हैं। उनकी माँ बुन्देलखण्ड की हैं, ईसागढ़ के एक किसान परिवार की।

गजानन चार भाई हैं। इनसे छोटे शरच्चन्द्र मराठी के प्रतिष्ठित कवि हैं। गजानन का जन्म 13 नवम्बर, 1917 को श्यौपुर (ग्वालियर) में हुआ। प्रारम्भिक शिक्षा उज्जैन में हुई। इनका एक सहपाठी था शान्ताराम, जो गश्त की ड्यूटी पर तैनात हो गया था। गजानन उसी के साथ रात को शहर की घुमक्कड़ी को निकल जाते। बीड़ी का चस्का शायद तभी से लगा। रात का सन्नाटा, पुलिस की सीटियाँ, एक अकूत रहस्य का वातावरण। सामन्ती, और उसकी आड़ में कहीं छिपा, बन्दूक़ सँभाले, गोराशाही का आतंक। जुर्मों, भीषण अत्याचारों, जघन्य कृत्यों और सज़ाओं की कहानियाँ उसकी जिज्ञासा को प्रखर करतीं। पिता चाहते थे कि बेटा वकील बने, बड़े-बड़े मुक़दमे हाथ में ले, ख़ूब कमाये और सामाजिक प्रतिष्ठा में उनसे भी ऊपर उठे।

मगर उसकी जिज्ञासाएँ तो उसे शीघ्र ही बौद्धिक हलचलों में खींच ले गयीं—ये तीसरे दशक के अन्तिम वर्ष थे : राष्ट्रीय और सांस्कृतिक बेचैनी और ऊहापोह के वर्ष। अस्तु, वह कमाना चाहता था ज्ञान—धन नहीं, खोज रहा था—सम्मानों की रूढ़ियाँ नहीं, नयी दृष्टि, और अनुभव, नये युग के अनुभव, और काव्य की विलक्षण अनुभूतियाँ।

गजानन के सहपाठी-मित्रों में रोमानी कल्पना के कवि वीरेन्द्रकुमार जैन थे; और प्रभागचन्द्र शर्मा, अनन्तर 'कर्मवीर' में सहकारी सम्पादक, और उस समय के एक अच्छे, योग्य कवि। कविता की ओर रमाशंकर शुक्ल 'हृदय' ने गजानन को काफ़ी प्रोत्साहित किया था। 'कर्मवीर' में उनकी कविताएँ छप रही थीं। माखनलाल और महादेवी की रहस्यात्मक शैली मालवा के तरुण हृदयों को आकृष्ट किये हुए थी, मगर मुक्तिबोध दॉस्तॉयवस्की , फ़्लाबेअर और गोर्की में भी कम खोये हुए नहीं रहते थे। मनोविज्ञान, तर्कशास्त्र और दर्शन की समस्याओं में उन्हें रस मिलने लगा था। बीस-इक्कीस साल का यह सरलहृदय भावुक और जिज्ञासु युवक एक ढहती परम्परा और आनेवाले युग के बीच खड़ा अपने चारों ओर देख रहा था।

उपेक्षितों-दलितों के लिए उसकी सहानुभूति तेजी से बढ़ रही थी—कि, उसे आमूल हिलाता, अचानक, उसके जीवन में आया प्रेम। एक जनून, गहरा और सुन्दर, और स्थायी। गजानन ने बहुत साहस से काम लिया : जातिकुल और सामाजिक वैषम्य के अवरोधों को एक तरफ़ ठेलकर उसने प्रेम-विवाह कर लिया, और स्पष्ट है कि पूरे परिवार एवं सम्बन्धियों का घोर विरोध झेला। शायद यह विरोध कभी कम नहीं हुआ। हाँ, माता-पिता के प्रति पुत्र और वधू के सेवाभाव में अणु-मात्र कमी न आयी। पिता इन्सपेक्टरी से रिटायर हो चुके थे। घर में विपन्नता थी। उसी साल, सन् '38 में, इन्दौर के होलकर कॉलेज से बी.ए. करके गजानन मुक्तिबोध उज्जैन के मॉडर्न स्कूल में अध्यापक हो गये।

साल-भर पहले प्रभाकर माचवे उज्जैन के माधव कॉलेज में अध्यापक होकर आ गये थे। गजानन से इनका परिचय नया नहीं था। इनकी शैली तो माखनलाल और महादेवी के प्रभाव से मुक्त न थी, पर उसमें कहीं एक बुद्धिवादी अनास्था का स्वर था और सहज फक्कड़पन (कुछ 'नवीन' का-सा, कुछ 'बाउलों' का-सा), इनके छन्द और मुक्तछन्द के धारा-प्रवाह प्रयोग भी तब विलक्षण लगते थे। पर उस समय उज्जैन के वातावरण में सबसे अधिक महत्त्व की बात थी इन युवा साहित्यकारों के बीच दार्शनिक और राजनीतिक विचारों का मन्थन। शॉ, इब्सन, बर्गसाँ, रसेल, मार्क्स, रवीन्द्रनाथ, गाँधी...बड़ी उत्कण्ठा से पढ़े जा रहे थे। अँगरेज़ी राज में 'ग़ैर-क़ानूनी' रूसी क्रान्ति-सम्बन्धी साहित्य और भारतीय क्रान्तिकारियों के कारनामों की कहानियों में रोमांचकारी आकर्षण था। मगर गाँधीजी का प्रभाव भी कुछ कम नहीं, बल्कि कहीं अधिक व्यापक था। डॉ. माचवे उस ज़माने की याद करते हुए लिखते हैं :

"माधव कॉलेज के सामने की पनवाड़ी की दूकान पर 'विप्लव' (यशपाल, लखनऊवालों का मासिकपत्र) बिकने लगा था...हमारी बहस गाँधी और मार्क्स को लेकर होती। 'संघर्ष' पाक्षिक (आचार्य नरेन्द्रदेव द्वारा सम्पादित) के 26 जनवरी '40 के अंक में मेरी 'गाँधी और मार्क्स' नाम की लम्बी 300 पंक्तियों की कविता छपी थी, और मुक्तिबोध मेरी आध्यात्मिक शब्दावली का ख़ासा मज़ाक़ उड़ाया करते थे। ...मुक्तिबोध रवीन्द्रनाथ को मूल में पढ़कर अभिभूत हुए थे। हमारी कई सन्ध्याएँ लम्बी-लम्बी तार्किक बहसों में बीती थीं।"

(गजानन माधव मुक्तिबोध और उनकी साहित्य सेवा—
नवभारत टाइम्स, 2 अगस्त, 1964)

युरॅप में फ़ॉसिज़्म का दबदबा, स्पेन का गृहयुद्ध, भारत में बढ़ती हुई बेचैनी और सत्याग्रह की तैयारियाँ...ये सब बातें पढ़े-लिखे नौजवानों को उत्तेजित कर रही थीं।

सन् '40 में मुक्तिबोध शुजालपुर के शारदा शिक्षा सदन में अध्यापक हो गये।

सन् '43 में 'तार-सप्तक' निकल चुका था। यह अपनी तरह का पहला सहयोगी प्रयास था। युगीन चेतना और प्रयोगवादी शिल्प, और प्रत्येक कवि का विशिष्ट मौलिक स्वर : यह इस संकलन की विशेषता थी। इसमें सन्देह नहीं कि मध्य भारत से बाहर तीन और कवियों—भारतभूषण अग्रवाल, डॉ. रामविलास शर्मा, अज्ञेय को शामिल करके 'तार-सप्तक' हिन्दी काव्य की नयी दिशा का एक प्रतिनिधि संकलन हो गया।

उज्जैन से सन् '45 के लगभग मुक्तिबोध बनारस गये और त्रिलोचन शास्त्री के साथ 'हंस' के सम्पादन में शामिल हुए। वहाँ सम्पादन से लेकर डिस्पैचर तक का काम वह करते थे; साठ रुपये वेतन था। उनका काशी-प्रवास बहुत सुखद नहीं रहा। भारतभूषण अग्रवाल और नेमिचन्द्र जैन ने उन्हें कलकत्ते बुलाया। पर अध्यापकी या सम्पादकी का कहीं कोई डौल नहीं जमा। हारकर मुक्तिबोध सन् '46-47 में जबलपुर चले गये। वहाँ हितकारिणी हाई स्कूल में वह अध्यापक हो गये। साम्प्रदायिक दंगे ज़ोरों से शुरू हो गये थे। उस ज़माने में वह दैनिक 'जयहिन्द' में भी कुछ समय काम करते थे। रात की ड्यूटी देकर कर्फ़्यू के सन्नाटे में वह घर लौटते।

जबलपुर में बसन्त पुराणिक के सम्पादन में 'समता' द्वैमासिक में इन्होंने प्रमुख योग दिया। दो अंकों में एक ही प्रकाशित हो सका, दूसरा अर्थाभाव के कारण प्रेस में ही बन्द रहा। उन दिनों जबलपुर में मेरा उनसे कभी-कभी मिलना होता था, और मैं देखता था—कैसी मेहनत से, हफ़्तों बल्कि महीनों वे अपनी लम्बी कविता के टुकड़ों को, धीरे-धीरे, चिन्तन और कल्पना की ऊर्जा से पुष्ट करते, जोड़ते और बढ़ाते, और उसकी अन्तर्योजना को दृढ़ करते जाते। उनका शिल्प एक ऊँची इमारत उठानेवाले मेमार का शिल्प था। वह इमारत अनेक पुश्तों, चौकियों और बुर्जियों से सुदृढ़ किया हुआ कोई छोटा-मोटा क़िला होती थी, महल या मक़बरा या मन्दिर नहीं। उनकी रचना से स्पष्ट लगता था कि वह और सबों से कितनी भिन्न, अनोखी और गुम्फित भावना और कल्पना के कवि थे; यद्यपि कुछ खुरदरे। उनका कवि-व्यक्तित्व तब भी सबसे अलग और अकेला लगता था। मगर उनकी भावनाओं की जड़ें मध्यवर्गीय समाज में हम सबकी समस्याओं से उलझी हुई थीं।

जबलपुर से मुक्तिबोध नागपुर गये। यहाँ उन्होंने अपनी कुछ सर्वश्रेष्ठ कविताएँ लिखीं। यहाँ उन्होंने दारिद्र्य और दैन्य का कष्ट भी सबसे अधिक भोगा। परिवार में सदस्य भी बढ़ रहे थे, बाज़ार में महँगाई भी, और नौकरी में टोटा भी। नागपुर रेडियो में वे कुछ दिनों समाचार विभाग में सम्पादक थे। फिर उनका तबादला भोपाल हुआ, पर किसी भ्रमवश उन्होंने वहाँ जाना मंजूर नहीं किया, और उनकी यह नौकरी जाती रही। नागपुर में उन दिनों कृष्णानन्द 'सोख्ता' एक सनसनीख़ेज साप्ताहिक

'नया ख़ून' निकालते थे। मुक्तिबोध उसी में कुछ कॉलम लिखने लगे। यह पत्र बड़ी निर्भीकता से मज़दूरों का पक्ष लेता था और भ्रष्ट तत्त्वों का पर्दाफ़ाश करता था। इसमें मुक्तिबोध ने कई ज़ोरदार स्केच लिखे।

इसी काल में उनकी 'कामायनी : एक पुनर्मूल्यांकन' महत्त्वपूर्ण आलोचनात्मक कृति प्रकाशित हुई। इसमें उन्होंने प्रसाद के रत्न, स्वर्ग आदि प्रतीकों को लेकर उन्हें बूर्ज्वाजी का अन्तिम मुमूर्षु कवि कहा है। दूसरी मार्के की चीज़ उनकी, 'एक लेखक की डायरी' थी जो जबलपुर की 'वसुधा' में धारावाहिक रूप से निकलती रही (पुस्तकाकार रूप में 'एक साहित्यिक की डायरी' शीर्षक से भारतीय ज्ञानपीठ से अभी-अभी प्रकाशित हुई है)। इन दोनों चीज़ों ने मुक्तिबोध को आलोचना के क्षेत्र में एक विशिष्ट स्थान प्रदान कर दिया है।

मुक्तिबोध शुक्रवारी में तिलक की मूर्ति के पास ही गली में रहा करते थे। एम्प्रेस मिल के मज़दूरों पर जब गोली चली तो रिपोर्टर की हैसियत से वे घटनास्थल पर मौजूद थे। उन्होंने सिरों का फूटना और ख़ून का बहना अपनी आँखों से देखा। 'अँधेरे में' शीर्षक उनकी सशक्त और मार्मिक कविता उनके नागपुर जीवन के बहुत सारे सन्दर्भ अपने अन्दर समेटे हुए है। मुक्तिबोध का सारा समय साधारण, श्रमशील लोगों के बीच और पत्रकारिता और राजनीतिक, साहित्यिक बहसों में बीतता था। सन् 1953 में जब नरेश मेहता नागपुर रेडियो में गये तो दोनों कवियों में—जो एक-दूसरे से काफ़ी भिन्न संस्कारों और प्रवृत्तियों के थे—गहरी मित्रता हो गयी। दोनों ही मालवा के थे।

सन् '49 में मुक्तिबोध इलाहाबाद जाकर भी अपनी क़िस्मत आज़मा चुके थे। एक छोटा-सा उपन्यास भी वहाँ लिखा था जो प्रकाशक के चक्कर में खो गया। ग़र्ज़े कि कोई काम न बना।

मित्रों के परामर्श से उन्होंने सन् '54 में एम.ए. किया ताकि कहीं प्राध्यापकी मिल सके। राजनाँदगाँव के दिग्विजय कॉलेज में उन्हें नौकरी मिल गयी और उनकी परिस्थिति में किंचित् सुधार हुआ। यहाँ आकर उन्होंने अपनी कुछ सफलतम कविताओं की सृष्टि की—जैसे : 'ब्रह्मराक्षस', 'ओराँग-उटाँग,' 'अँधेरे में'।

राजनाँदगाँव में सन् '61 में मैं मुक्तिबोध से मिला था, और उनकी तीन बहुत लम्बी, लाजवाब कविताएँ मैंने उनके मुख से सुनी थीं। एक, 'अँधेरे में' थी, दूसरी, 'प्रेम', तीसरी 'एक कथा'। इतना गहरा असर डालनेवाली आधुनिक दृष्टि से इतनी पुष्ट और स्वस्थ कविताएँ और इतनी ओजस्वी, मैंने निराला के बाद नहीं पढ़ीं या सुनीं। आधुनिक हिन्दी काव्य की प्रवृत्तियों पर शोध करनेवाली, बहुभाषाविज्ञ, विदुषी पोलिश कवयित्री श्रीमती अगन्येष्का सोनी का मत है कि मुक्तिबोध सहज ही हिन्दी

के आधुनिक युग का सबसे शक्तिशाली कवि है। राजनाँदगाँव में ही कवि के साथ टहलते हुए बातचीत की रौ में अचानक ठिठककर देखा हुआ वह भटकटैया का फूल मैं कभी नहीं भूलूँगा। उजाड़ जगहों का यह अर्थहीन फूल मुझे अकसर कितना गन्दा-सा लगा है, बिन बुलाये ही दरिद्र मेहमान बच्चे-सा! मगर मुक्तिबोध की सहानुभूति के गहरे शान्त रस से भरी आँखों से देखकर, उनके वर्णन के रोमांचित शब्दों से उसे छूकर मैंने देखा, वही कँटीले पौधे का जंगली-सा फूल कितना कोमल, पारदर्शी, स्थायी, सचमुच कितना सुन्दर...था। और अनोखे रूप से दृढ़! मैं उस वर्णन को स्मृति से दोहरा नहीं सकता; मगर उस क्षण से वह कटीली का फूल मेरे लिए एक ऐसी स्थायी और अनोखी कविता है जो कभी न मुरझाएगी। मैं मुक्तिबोध के सीधे-सादे व्यक्तित्व में कहीं उसी सत्त्व को एक विशाल रूपाकार में देखता हूँ, जो मुक्तिबोध ने मुझे उस जंगली फूल में दिखाया था—एक अनोखी, दृढ़ और स्थायी कोमलता, जो कभी नहीं मुरझाएगी।

दिसम्बर सन् '57 में इलाहाबाद के लेखक सम्मेलन में मुक्तिबोध आये थे। नयी पीढ़ी के सभी कवियों और काव्य-प्रेमियों को उन्होंने न केवल अपने सहज स्नेहिल व्यक्तित्व से, बल्कि अपनी कविताओं की शक्ति, ओज, कल्पना-प्रसार और अर्थ-वैभव से अभिभूत कर दिया था, और मोह लिया था। हिन्दी की नयी पीढ़ी का बिलकुल अपना कवि, सबसे प्रिय कवि और विचारक गजानन मुक्तिबोध ही हैं—यह निर्विवाद है। उसकी तुलना में किसी भी प्रकार और कोई नहीं ठहरता। यह और बात है कि साधारण पाठकवर्ग आज तक उससे प्रायः अपरिचित ही रहा है। कारण कि : यदा-कदा विरल अपवादों को छोड़कर प्रायः ही प्रकाशकों, सम्पादकों, आलोचकों और साहित्यिक संस्थाओं ने—वे 'दक्षिणपन्थी' हों या 'वामपन्थी' या बीच के अथवा व्यवसायी—निरन्तर भीरुता के साथ, और अज्ञान और प्रमादवश या राजनीतिक स्वार्थ और दलबन्दियों के कारण (कारण कि यह व्यक्ति और कवि पद-लोलुप, सस्ता चाटुकार न था; किसी का भी स्वार्थ इससे सिद्ध न होता था) ...सबों ने मिलकर इसकी उपेक्षा ही की है। कारण यह भी रहा कि सर्वथा नयी और सच्ची, नितान्त मौलिक प्रतिभाओं को समय से परखनेवाले बिरले ही हुआ करते हैं, किसी भी युग में।

काव्य

गजानन माधव मुक्तिबोध मुझे ख़ासतौर से शायद इसलिए ज़्यादा अपील करता है कि वह मुझसे इतना भिन्न है! ऐब्स्ट्रैक्ट नहीं, ठोस। बहती हवाओं-सा लिरिकल, अर्थहीन-सा कोमल, न कुछ नहीं : बल्कि प्रत्येक पंक्ति में चित्र के उभार को और भी घूरती और भी ताड़ती हुई आँख से प्रत्यक्ष करता हुआ। अनुभूति के यथार्थ से

कतराता हुआ नहीं : बल्कि अपने तक और भावना के कुदाल से अनुभव की कड़ी धरती को लगातार गहरे खोदता जाता। थककर बैठ जाता—अपने दायित्व को भूल जाता नहीं; कभी नहीं : बल्कि उसके सिलसिलों को कसकर बाँधता। थकने पर केवल चाय का एक प्याला चढ़ा और एक बीड़ी सुलगाकर फिर कर्म में जुट जानेवाला और अपने को भूल जानेवाला। एकान्त खोजता हुआ नहीं : बल्कि साथियों, ग़रीब फटे-हाल भूखे और मुसकराते चेहरों के बीच ज़ोर से ठहाका लगाकर उनमें रिल-मिल जाता हुआ। अपने बारे में सशंक और उलझा हुआ नहीं : बल्कि एकदम खुला हुआ और साफ़ दिल! किसी संस्था, दल, स्वार्थ आदि से बँधा हुआ नहीं : आज़ाद, जैसे कभी न चुकती सैलानी हवाएँ, उठती-गिरती घूमती चक्कर खाती दुनिया-भर को लपेटती हुई; या जैसे असंख्य अछोर पगडण्डियाँ, आँधी, लू और जाड़े-पाले को हृदय से लगाती हुई। मध्यवर्ग का निजी कवि वह भी है, हाँ, और चूर-चूर : मगर चूर-चूर होकर भी, दुर्दान्त संघर्ष से अचेत होकर भी···किसी भी अर्थ में हारा हुआ नहीं है। "तुम क्यों उनका दमन कर रहे हो!" वह बेहोशी में भी बड़बड़ाकर पूछता है।···"अपने-अपने आइडियाज हैं!" वह उदार होकर विरोधी विचारों को, अपनी बेहोशी की बड़बड़ाहट में भी एक लम्बी छूट देता है। मुझे लगता है उसका व्यक्तित्व किसी ठोस ज़मीन पर पड़ा है, आज की हालत में भी। मैं केवल उसको तकता हूँ, एक बौने थके-हारे हुए ठिगने उच्छ्वास की तरह। और उससे मुझे बल मिलता है। बराबर बल मिलता है।

किसी ने मुक्तिबोध की एक बरगद से तुलना की है; जो अवश्य ही उनका एक प्रिय इमेज है। मगर वह बरगद नहीं—चट्टान एक ऊँची, सीधी चट्टान है। शिलाओं पर शिलाएँ। झरने कहीं बिरले ही। केवल गहरी बावलियाँ, सूखे कुएँ, झाड़-झंखाड़, ऊँची-नीची अनन्त पगडण्डियाँ।...जैसे मालवा के पठार और मध्यप्रदेश की ऊबड़-खाबड़ धरती—और इस धरती के आतंकमय, रहस्यमय इतिहास और उनके बीच लहूलुहान मानव।

मुक्तिबोध हमेशा एक विशाल विस्तृत कैन्वास लेता है : जो समतल नहीं होता : जो सामाजिक जीवन के 'धर्मक्षेत्र' और व्यक्ति चेतना की रंगभूमि को निरन्तर जोड़ते हुए समय के कई काल-क्षणों को प्रायः एक साथ आयामित करता है। लगता है।...इतिहास के संघर्ष—एक षड्यन्त्र का-सा जाल फैलता-सिमटता है। और इस जाल में हम और आप, अनजाने तौर से, और अनिवार्यतः, फँस गये हैं—और निकलने का रास्ता खोज रहे हैं—मगर कहीं कोई रास्ता नहीं है—और फिर भी पक्का विश्वास है कि रास्ता है, रास्ता है...।

कतिपय प्राचीन युगविजेताओं ने नंगे पहाड़ों पर दूर तक विशाल चट्टानी आकार में अपनी गाथाएँ खुदवायी थीं, जो आज भी बहुत मुश्किल से पढ़ी जाती

हैं। अभी सदियों तक वे शिलाएँ प्रत्येक आनेवाले युग को घूरती रहेंगी; जैसे उनकी परीक्षा करती रहेंगी—कि एक निगाह ऊपर उठाकर हमें पढ़ो, पढ़ सको तो। हम बंजर अमूर्त लिपियाँ नहीं हैं, जीवन के कठोर विजय संघर्ष का आईना हैं। हमें गौर से देखो और पढ़ो और सोचो। बहुत कठिन और कठोर परिश्रम से यह जीवन का मर्म जीता गया था जो यहाँ अंकित है।

इनमें लय और सुर और ताल की बारीकियाँ न ढूँढ़ो। ये लिपियों की भावुकता नहीं, इनमें विचार गुनगुनाते हैं। इनमें तसवीरें बहुत ही जागे हुए होश की हैं। इनका अर्थ...प्रेम का आलिंगन नहीं, विलाप नहीं, पैमानों के इशारे नहीं; भीगती रातों, करवटें लेती सुबहों की अँगड़ाइयाँ और कसमसाहटें नहीं। यहाँ देश-विदेश के इमेजों के उलझाव नहीं। 'फ़रार' नहीं; 'इन्क़िलाब' नहीं। इनका रोमान दर्दनाक है और आज का है। बिलकुल आज का है और बहुत पुराना भी है।

अगर कविता में ऐसी कोई गाथा उभर-उभर उठे, तो...कितनी ही लम्बी वह हो, कितनी ही लम्बी वह हो, अखरेगी नहीं।

मुक्तिबोध की कविता, अद्भुत संकेतों-भरी, जिज्ञासाओं से अस्थिर—कभी दूर से ही शोर मचाती, कभी कानों में चुपचाप राज़ की बातें कहती चलती है। हमारी बातें हमीं को सुनाती हो और हम अपने को एकदम चकित होकर देखते हैं, और पहले से और भी अधिक पहचानने लगते हैं।

क्या बात है यह? और क्यों है? मुक्तिबोध ने सब कुछ अपने ऊपर झेला था। अँगरेज़ी शासन : युद्ध काल। सामन्ती-साम्प्रदायिक प्रतिक्रिया। प्रकाशकों की व्यावसायिक वृत्ति की चरम सीमा। मुक्तिबोध न 'हंस' की सम्पादकी में कुछ कर सके, न 'नया ख़ून' (नागपुर) में ही कुछ बना सके—सिवाय विरोधियों और उपेक्षा करनेवालों की संख्या बढ़ाने के। आकाशवाणी में भी उनकी अव्यावहारिक सरलता और खुलेपन ने उन्हें टिकने नहीं दिया। जहाँ गये वह हलचलों के रेले में कुछ न कुछ खोते ही गये। हासिल किया उन्होंने केवल गहरा काव्य-मर्म। उनका सारा जीवन बाहर से असफल, रिक्त, किन्तु अन्दर से रचनाकार की प्रतिभा से ख़ूब समृद्ध हो चुका था। जीवन के वन-बीहड़ में जो पलाश के क्षेत्र सुलग उठे थे, उनमें मानव-रक्त की पवित्र गन्ध थी, और एक निर्मलता—जैसी कि उसके समकालीनों में कहीं न मिलेगी।

हम सबों के बीच यह अकेली सख़्त जान, और कैसी सख़्त जान! ग़ालिब के जैसी :

> कावे-कावे सख़्त जानी हाए-तनहाई न पूछ,
> सुबह करना शाम का लाना है जूए-शीर का!

यही हासिल, एक लुटी-पिटी ज़िन्दगी का सबसे बड़ा हासिल है, जो हमारे युग के हृदय और दृष्टि को समृद्ध करता है। हमने देख लिया कि "क़तरे 'पे' गूहर (मुक्ता) होने तक" "क्या गुज़रे हैं।" मौजों में क्या-क्या निहंग उसे लीलने के लिए मुँह बाये हुए थे। मगर वह सच्चा, खरा, खुला हुआ व्यक्तित्व तोल में सबसे भारी और मूल्य में सबसे बड़ा निकलता। हम अपने साहित्य के पिछले दौर पर नज़र डालकर देखें तो पाएँगे कि :

हुए मदफ़ूने-दरिया ज़ेर-दरिया तैरनेवाले।
तमाचे मौज के खाते थे जो, बनकर गुहर निकले।

(इक़बाल)

समुद्र की तूफ़ानी मौजों के थपेड़े खाकर आज हमारे बाह्यानुभूत जीवन की नयी दिल्ली में गजानन माधव मुक्तिबोध अचेत-प्राय पड़ा है; पर उसकी आँखों में, वास्तव-जीवन के कस-बल, विश्वास और अनोखे तेवर देखने और विजयी वर्तमान और सुदृढ़ भविष्य की एक झाँकी लेने हम उसके गिर्द जमा होते हैं। उसको पढ़ते हैं, और अपने-आपको पढ़ते हैं।

मुक्तिबोध की कविताओं में सदैव एक साथीपन का भाव है। सबसे बड़ी बात उनमें यह है कि उनके अन्दर 'मस्तिष्कहीन कोरी भावुकता' (माइण्डलेस फ़ीलिंग) नहीं है। उनके भावों के ज्वार के पीछे विचारों का दीर्घ दोहन है।

कभी-कभी विशुद्ध से काव्य-तत्त्व के साथ-साथ विद्रूप का भाव, अतल के गलित गर्त के साथ-साथ उत्तुंग शिखरों के दर्शन, व्यक्ति की निजी हाय और तड़प के साथ उसका राजनीतिक-सामाजिक संघर्ष पाठक को कई स्तरों पर एक साथ उद्वेलित करता है।

मुक्तिबोध युग के उस चेहरे की तलाश करते हैं जो आज के इतिहास के मलबे के नीचे दब गया है, मगर मर नहीं गया है। बहुत नीचे की तहों से भी वह कहते हैं :

कोशिश करो
कोशिश करो
कोशिश करो
जीने की—ज़मीन में गड़कर भी...!

जिन अनुभूतियों को इस कड़ियल कवि ने झेला है, उनमें लगातार जीकर उनकी अग्नि-परीक्षा देकर वह वहाँ आ खड़ा हुआ है, जहाँ वह प्रत्येक संघर्षशील देश और जनता का अपना हो गया है। भले ही हम हिन्दी प्रदेशवासी इस तपे हुए सोने को अभी न पहचानें, देश से बाहर उसके व्यक्तित्व ने चौंकना शुरू कर दिया है।

मुक्तिबोध की कविता को किसी राज़दाँ की बातों की तरह सँभल-सँभलकर सोच-सोचकर, बल्कि कभी-कभी दोहरा-दोहराकर, पढ़ना चाहिए। किसी-किसी कविता के कई अंश जासूसी उपन्यासों की भी याद दिलाते हैं, मगर वह हरगिज एक सपाटे में पढ़ लिये जानेवाले उपन्यास के अंश नहीं हैं! नरेश मेहता को मुक्तिबोध की कविताओं से दॉस्तॉयवस्की के 'विरादरान करामॅज़ोव' की याद आती है, जहाँ बड़ा भाई एक लम्बी कविता के भावों का विस्तार से वर्णन कर रहा है। दॉस्तॉयवस्की में एक 'हॉरर' है, एक अजब मानसिक यातना और मनोवैज्ञानिक तड़पन। मुक्तिबोध के यहाँ जलती हुई आग पर चलनेवाले की मनोदशा का चित्रण देखिए—और यह आग क्या है, इसपर भी सोचते हुए :

अधूरी और सतही ज़िन्दगी के गर्म रास्तों पर
अचानक सनसनी भौंचक—
कि पैरों के तलों को काट खाती कौन-सी यह आग?
जिससे नच रहा हूँ,
खड़ा भी हो नहीं सकता, न चल सकता,
भयानक हाय अन्धा दौर!!
ज़िन्दा छातियों पर और चेहरों पर
क़दम रखकर
चले हैं, पैर!
अनगिन अग्निमय तन-मन व आत्माएँ
व उनकी प्रश्न-मुद्राएँ
हृदय की द्युति प्रभाएँ,
जन-समस्याएँ
कुचलता चल निकलता हूँ।
इसी से पैर-तलुओं में
नुकीला एक कीला तेज़
गहरा गड़ गया औ' धँस गया इतना
कि ऊपर प्राण-भीतर घुसा आया,
लगी है झनझनाती आग,
लाखों बर्र-काँटों ने अचानक काट खाया है।
व्रणाहत पैर को देकर
भयानक नाचता हूँ
शून्य मन के टीन-छत पर गर्म
हर पल चीख़ता हूँ, शोर करता हूँ
कि वैसी चीख़ती कविता बनाने में लजाता हूँ।

मुक्तिबोध के हर इमेज के पीछे शक्ति होती है। वे हर वर्णन को दमदार, अर्थपूर्ण और चित्रमय बनाते हैं। संग्रह को कहीं से भी उलटिए, सर्वत्र इसके उदाहरण मिलेंगे। कुछ कवि अभिव्यक्ति के लिए विशिष्ट शब्द की खोज करते हैं, मुक्तिबोध विशिष्ट बिम्ब, बल्कि उससे अधिक विशिष्ट प्रतीक की योजना लाते हैं। उनके प्रतीक भी 'कथा' (या 'गाथा', 'मिथ') सृष्टि की भूमिका बनाने लगते हैं। मुक्तिबोध की रचनात्मक प्रक्रिया में अद्‌भुत-अनोखे का विद्युत्प्राण चमकता है। रूढ़ि और परम्परा से वितृष्ण, उनसे विद्रोह और नयी मानवता का साग्रह आह्वान उनकी शब्दावली को उत्तेजना से, रेटॅरिक से, भर देता है, और चित्र विद्रूप तक हो उठते हैं; पर वस्तु-तथ्य के आधार पर वे कभी कष्टकर नहीं होते। यह सच है कि कभी-कभी मुक्तिबोध अपने ही सिरजे 'मिथ' के प्रवाह में शायद आवश्यकता से अधिक दूर तक बह जाते हैं।

इनके यहाँ सूक्ष्म और स्थूल दोनों के चित्रण में सर्वत्र एक अद्‌भुत स्पष्टता होती है। सब कुछ जैसे हम स्पर्श कर सकते हैं। बाहर से ही नहीं अन्दर से भी। सूक्ष्म और स्थूल, वैज्ञानिक और रोमानी, 'वायवीय' और नपे-तुले का विचित्र और अद्‌भुत योग मिलता है (जैसे कि जीवन में?)—बुद्धि के सचेत—अर्धचेतन स्तरों का नाटकीय विश्लेषण। एक छोटा-सा उदाहरण :

सपने में दीखते गणित के
गुप्त अर्थवाचक विचित्र
आँकड़े सरीखा
मैं अब अपने को दीखा...

कभी-कभी इनकी कविताओं में साधारण जिज्ञासा के संग-संग असाधारण रहस्यमयता का योग रहता है; हू-ब-हू जैसे यथातथ्यपरक चित्रण के संग कभी-कभी गुम्फित-सी कल्पना शैली का रेटॅरिकल योग। फिर भी, न जाने कैसे इन सब में एक सादगी-सी होती है—शायद पारदर्शी व्यक्तित्व की। रूपाकार, रंग-रेखा, यह सब स्पष्ट, सीधे, सदैव आँखों-देखे-से लगते। कहीं-कहीं ऊपर से लगनेवाली गद्यात्मकता : जो बिलकुल निजी है—पाठक की स्वयं अपनी, यानी ठेठ है—ऐसी कि परोक्ष वायवीयता से जिसे चिढ़। और मुक्तिबोध का मुक्तछन्द कैसा है? ऐसा, जो निराला के ठेठ मुक्तक छन्दों से हाथ मिलाकर आगे आता है। वही सीधी अभिव्यक्ति, तरल मानवीय व्यंजना; मगर उससे अधिक भी कुछ। निरालापन के साथ मुक्तिबोधपन। यानी वह एक नया, गहरा, साक्षीपन का भाव। सबके ऊपर नहीं, सबके साथ, यद्यपि विशिष्ट। एक विशिष्ट अपनाव।

मुक्तिबोध ने छायावाद की सीमाएँ लाँघकर, प्रगतिवाद से मार्क्सी दर्शन ले, प्रयोगवाद के अधिकांश हथियार सँभाल और उसकी स्वतन्त्रता महसूस कर, स्वतन्त्र

कवि-रूप से, सब वादों और पार्टियों से ऊपर उठकर, निराला की सुथरी और खुली मानवतावादी परम्परा को बहुत आगे बढ़ाया। संघर्षाक्रान्त मानव का यह चित्र देखिए—(यद्यपि उदाहरण की ज़रूरत नहीं)—जो बरबस ही निराला की एक प्रसिद्ध कविता की याद दिलाता है:

काठ के पैर
ठूँठ-सा तन
गाँठ-सा कठिन गोल चेहरा
लम्बी उदास लकड़ी डाल से हाथ क्षीण
वह हाथ फैल लम्बायनमान,
दूरस्थ हथेली पर अजीब,
घोंसला,
पेड़ में एक मानवी रूप
मानवी रूप में एक ठूँठ?
घोंसला उलझकर बदहवास
बेबस उदास
क्यों लटक रहा झूलकर?
मैं काँप उठा वह दृश्य देख
यह असन्दिग्ध वह मैं ही हूँ।

और भी पंक्तियाँ देखिए :

दिल के भीतर गर्म ईंट है, गर्म ईंट है
जले हुए ठूँठ के तने-सी स्याह पीठ है
जमाने की जीभ निकल पड़ी है।
ज्यों कोई च्यूँटी शिलालेख पर चढ़ती है।
अक्षर-अक्षर रेंगती नहीं कुछ पढ़ती है
त्यों मन
भीतर के लेखों को छू लेता है
बेचैन भटकता है बेकार ठिठकता है
पर पकड़ नहीं पाता उसके अक्षर...

मुक्तिबोध के सारे प्रयोग विषय-वस्तु को लेकर हुए हैं। यह कुछ उनकी सीमा भी है और एक भारी विशेषता भी।

आधुनिकतम छन्द में शब्द-स्वर और पदगतियाँ, परम्परा से हटकर एक नवीन असाधारण व्यक्तिगत और विशिष्ट व्यंजन की सृष्टि करते हैं, जिसका तर्क अपने

में ही, अपने लिए मात्र है। वैसा कुछ मुक्तिबोध के यहाँ क्यों मिलेगा। मगर उनके यहाँ मुक्तछन्द की निरालीय गति में प्रस्तुत राजनीतिक सामाजिक इतिहास का मूल्यांकन जो काव्य-तत्त्वों के माध्यम से होता चलता है, वही कवि की मुख्य शक्ति है। अपनी शैली में मुक्तिबोध अमूर्त को मूर्त करने की सहज शक्ति है।

यह ज़रूर है, कभी-कभी ऐसा महसूस होता है कि पेड़ों के जंगल में अकेले पेड़ का अस्तित्व खो जाता है; लेकिन तब उस जंगल का व्यक्तित्व इतना सजीव चित्रित होता है कि व्यक्ति की सजीवता उसपर ईर्ष्या करे। मुक्तिबोध की शक्तिशाली मानवतावादी रोमानियत में अमूर्त का सविस्तार मूर्तीकरण, समाजवाद के धरातल पर प्रतिष्ठित किये जाने के कारण एक ऐसी प्रखर स्पष्टता धारण कर लेता है जिसमें भयानक से भयानक, विद्रूप से विद्रूप (और कोमल से कोमल भी), फैण्टेसी को हम मानो अपनी साँस में महसूस कर सकते हैं।

मुक्तिबोध की कुछ लम्बी कविताएँ आधुनिक हिन्दी काव्य की विशिष्ट देन हैं, जिनमें 'अँधेरे में' प्रमुख है जो इस संग्रह में संकलित है। यह कविता देश के आधुनिक जन-इतिहास का, स्वतन्त्रता-पूर्व और पश्चात् का एक दहकता इस्पाती दस्तावेज़ है। इसमें अजब और अद्‌भुत रूप से व्यक्ति और जन का एकीकरण है। देश की धरती, हवा, आकाश, देश की सच्ची मुक्ति, आकांक्षी नस-नस इसमें फड़क रही है...और भावनाओं के अनेक गुम्फित स्तरों पर। डॉ. प्रभाकर माचवे का कहना है कि यह Guernica in verse है : इसके बहुत-से अंश पिकासो के विश्व-प्रसिद्ध चित्र जैसा ही प्रभाव डालते हैं। 'अँधेरे में' मुक्तिबोध की एक ऐसी ही कविता है, जिसमें उनकी काव्यात्मक शक्ति के अनेक तत्त्व घुल-मिलकर एक महान् रचना की सृष्टि करते हैं, जो रोमानी होते हुए भी अत्यधिक यथार्थवादी और एकदम आधुनिक है। और किसी भी कसौटी पर उसको जाँचा जाए, मैं कहूँगा कि वह आधुनिक युग की कविताओं में सर्वोपरि ठहरती है। उसके बिम्ब और प्रतीक और संकेत और सन्दर्भ, शब्द और ध्वनिचित्र, बड़ी गहरी और विविध गूँजें हमारी भावनाओं में भर जाते हैं। उसमें मुक्तिबोध का कवि व्यक्तित्व वॉल्ट ह्विट्‌मैन और मायकॅवस्की के शिल्प और शक्ति से टक्कर लेता है, और अपनी जमीन पर अप्रतिहत और अद्वितीय रहता है। इस कविता का हमारी अमर राष्ट्रीय कविताओं में शुमार होगा, मुझे इसमें किंचित् भी सन्देह नहीं। हिन्दी के स्वस्थतम आधुनिक काव्य-सृष्टि का यह सर्वोपरि विजय-चिह्न है। इसमें उद्धरण देने की आवश्यकता नहीं। पाठक सीधे स्वयं इसका आस्वादन करें।

—शमशेरबहादुर सिंह

15 अगस्त, 1964
120 रवीन्द्र नगर, नयी दिल्ली-11

चाँद का मुँह टेढ़ा है

भूल—ग़लती

भूल—ग़लती
आज बैठी है जिरहबख़्तर पहनकर
तख़्त पर दिल के;
चमकते हैं खड़े हथियार उसके दूर तक,
आँखें चिलकती हैं नुकीले तेज़ पत्थर-सी;
खड़ी हैं सिर झुकाये
        सब क़तारें
                बेज़ुबाँ बेबस सलाम में,
अनगिनत खम्भों व मेहराबों-थमे
                        दरबारे-आम में।
सामने
बेचैन घावों की अजब तिरछी लकीरों से कटा
चेहरा
कि जिस पर काँप
दिल की भाप उठती है...
पहने हथकड़ी वह एक ऊँचा क़द,
समूचे जिस्म पर लत्तर,
झलकते लाल लम्बे दाग़
बहते ख़ून के।
वह क़ैद कर लाया गया ईमान...
सुलतानी निगाहों में निगाहें डालता,
बेख़ौफ़ नीली बिजलियों को फेंकता
ख़ामोश!!

                        सब ख़ामोश
मनसबदार,
शाइर और सूफ़ी,

अल ग़ज़ाली, इब्ने सिन्ना, अलबरूनी,
आलिमो फ़ाज़िल सिपहसालार, सब सरदार
हैं ख़ामोश!!

नामंज़ूर,
उसको ज़िन्दगी की शर्म की-सी शर्त
नामंज़ूर,
हठ इनकार का सिर तान...ख़ुद-मुख़्तार।
कोई सोचता उस वक़्त—
छाये जा रहे हैं सल्तनत पर घने साये स्याह,
सुलतानी जिरहबख़्तर बना है सिर्फ़ मिट्टी का,
वो—रेत का-सा ढेर—शाहंशाह,
शाही धाक का अबब सिर्फ़ सन्नाटा!!
(लेकिन, ना,
ज़माना साँप का काटा)
भूल (आलमगीर)
मेरी आपकी कमज़ोरियों के स्याह
लोहे का जिरहबख़्तर पहन, ख़ूँख़्वार
हाँ, ख़ूँख़्वार आलीजाह;
वो आँखें सचाई की निकाले डालता,
सब बस्तियाँ दिल की उजाड़े डालता,
करता, हमें वह घेर,
बेबुनियाद, बेसिर-पैर...
हम सब क़ैद हैं उसके चमकते तामझाम में,
शाही मुक़ाम में!!

इतने में, हमीं में से
अजीब कराह-सा कोई निकल भागा,
भरे दरबारे-आम में मैं भी
सँभल जागा!!
क़तारों में खड़े ख़ुदगर्ज़-बा-हथियार
बख़्तरबन्द समझौते

सहमकर, रह गये;
दिल में अलग जबड़ा, अलग दाढ़ी लिये,
दुमुँहेपने के सौ तजुर्बों की बुजुर्गी से भरे,
दढ़ियल सिपहसालार संजीदा
सहमकर रह गये!!

लेकिन, उधर उस ओर,
कोई, बुर्ज़ के उस तरफ़ जा पहुँचा,
अँधेरी घाटियों के गोल टीलों, घने पेड़ों में
कहीं पर खो गया,
महसूस होता है कि यह बेनाम
बेमालूम दर्रों के इलाक़े में
(सचाई के सुनहले तेज़ अक्सों के धुँधलके में)
मुहैया कर रहा लश्कर;
हमारी हार का बदला चुकाने आएगा
संकल्प-धर्मा चेतना का रक्तप्लावित स्वर,
हमारे ही हृदय का गुप्त स्वर्णाक्षर
प्रकट होकर विकट हो जाएगा!!

पता नहीं...

पता नहीं कब, कौन, कहाँ किस ओर मिले,
किस साँझ मिले, किस सुबह मिले!!
यह राह ज़िन्दगी की
जिससे जिस जगह मिले
है ठीक वहीं, बस वहीं अहाते मेंहदी के
जिनके भीतर
है कोई घर
बाहर प्रसन्न पीली कनेर
बरगद ऊँचा, ज़मीन गीली
मन जिन्हें देख कल्पना करेगा जाने क्या!!
तब बैठ एक
गम्भीर वृक्ष के तले
टटोलो मन, जिससे जिस छोर मिले,
कर अपने-अपने तप्त अनुभवों की तुलना
घुलना मिलना!!

यह सही है कि चिलचिला रहे फ़ासले,
तेज़ दुपहर भूरी
सब ओर गरम धार-सा रेंगता चला
काल बाँका-तिरछा;
पर, हाथ तुम्हारे में जब भी मित्र का हाथ
फैलेगी बरगद-छाँह वहीं
गहरी-गहरी सपनीली-सी
जिसमें खुलकर सामने दिखेगी उरस्-स्पशा
स्वर्गीय उषा
लाखों ओं से, गहरी अन्तःकरण तृषा

तुमको निहारती बैठेगी
                    आत्मीय और इतनी प्रसन्न,
मानव के प्रति, मानव के
                    जी की पुकार
          जितनी अनन्य!
लाखों आँखों से तुम्हें देखती बैठेगी
वह भव्य तृषा
इतने समीप
ज्यों लाली-भरा पास बैठा हो आसमान
आँचल फैला,
अपनेपन की प्रकाश-वर्षा
में रुधिर-स्नात हँसता समुद्र
अपनी गम्भीरता के विरुद्ध चंचल होगा।

मुख है कि मात्र आँखें हैं वे आलोक-भरी,
जो सतत तुम्हारी थाह लिये होतीं गहरी,
इतनी गहरी
कि तुम्हारी थाहों में अजीब हलचल,
मानो अनजाने रत्नों की
अनपहचानी-सी चोरी में
धर लिये गये,
निज में बसने, कस लिये गये।

तब तुम्हें लगेगा अकस्मात्,
....
ले प्रतिभाओं का सार, स्फुलिंगों का समूह
सबके मन का
जो एक बना है अग्नि-व्यूह
अन्तस्तल में,
उस पर जो छायी हैं ठण्डी
प्रस्तर-सतहें
सहसा काँपीं, तड़कीं, टूटीं
औ' भीतर का वह ज्वलत् कोष

ही निकल पड़ा!!
उत्कलित हुआ प्रज्वलित कमल!!
यह कैसी घटना है...
कि स्वप्न की रचना है।
उस कमल-कोष के पराग-स्तर
पर खड़ा हुआ
सहसा होता है प्रकट एक
वह शक्ति-पुरुष
जो दोनों हाथों आसमान थामता हुआ
आता समीप अत्यन्त निकट
आतुर उत्कट
तुमको कन्धे पर बिठला ले जाने किस ओर
न जाने कहाँ व कितनी दूर!!

फिर वही यात्रा सुदूर की,
फिर वही भटकती हुई खोज भरपूर की,
कि वही आत्मचेतस् अन्तःसम्भावना,
...जाने किन ख़तरों से जूझे ज़िन्दगी!!
अपनी धकधक
में दर्दीले फैले-फैलेपन की मिठास,
या निःस्वात्म विकास का युग
जिसकी मानव-गति को सुनकर
तुम दौड़ोगे प्रत्येक व्यक्ति के
चरण-तले जनपथ बनकर!!
वे अवस्थाएँ तुमको दरिद्र करवाएँगी
कि दैन्य ही भोगोगे
पर, तुम अनन्य होगे,
प्रसन्न होगे!!
आत्मीय एक छवि तुम्हें नित्य भटकाएगी
जिस जगह, जहाँ जो छोर मिले
ले जाएगी...
...पता नहीं, कब, कौन, कहाँ, किस ओर मिले।

ब्रह्मराक्षस

शहर के उस ओर खण्डहर की तरफ़
परित्यक्त सूनी बावड़ी
के भीतरी
ठण्डे अँधेरे में
बसी गहराइयाँ जल की...
सीढ़ियाँ डूबीं अनेकों
उस पुराने घिरे पानी में...
समझ में आ न सकता हो
कि जैसे बात का आधार
लेकिन बात गहरी हो।

बावड़ी को घेर
डालें ख़ूब उलझी हैं,
खड़े हैं मौन औदुम्बर।
व शाखों पर
लटकते घुग्घुओं के घोंसले
परित्यक्त, भूरे, गोल।

विगत शत पुण्य का आभास
जंगली हरी कच्ची गन्ध में बसकर
हवा में तैर
बनता है गहन सन्देह
अनजानी किसी बीती हुई उस श्रेष्ठता का जो कि
दिल में एक खटके-सी लगी रहती।

बावड़ी की इन मुँडेरों पर
मनोहर हरी कुहनी टेक
बैठी है टगर

लें पुष्प-तारे श्वेत

उसके पास
लाल फूलों का लहकता झौंर–
मेरी वह कन्हेर...
वह बुलाती एक ख़तरे की तरफ़ जिस ओर
अँधियारा खुला मुँह बावड़ी का
शून्य अम्बर ताकता है।

बावड़ी की उन घनी गहराइयों में शून्य
ब्रह्मराक्षस एक पैठा है,
व भीतर से उमड़ती गूँज की भी गूँज,
हड़बड़ाहट-शब्द पागल से।
गहन अनुमानिता
तन की मलिनता
दूर करने के लिए, प्रतिपल
पाप-छाया दूर करने के लिए, दिन-रात
स्वच्छ करने–
ब्रह्मराक्षस
घिस रहा है देह
हाथ के पंजे, बराबर,
बाँह-छाती-मुँह छपाछप
ख़ूब करते साफ़,
फिर भी मैल
फिर भी मैल!!

और...होठों से
अनोखा स्तोत्र, कोई क्रुद्ध मन्त्रोच्चार,
अथवा शुद्ध संस्कृत गालियों का ज्वार,
मस्तक की लकीरें
बुन रहीं
आलोचनाओं के चमकते तार!!

उस अखण्ड स्नान का पागल प्रवाह...
प्राण में संवेदना है स्याह!!

किन्तु, गहरी बावड़ी
की भीतरी दीवार पर
तिरछी गिरी रवि-रश्मि
के उड़ते हुए परमाणु, जब
तल तक पहुँचते हैं कभी
तब ब्रह्मराक्षस समझता है, सूर्य ने
झुककर 'नमस्ते' कर दिया।

पथ भूलकर जब चाँदनी
की किरन टकराये
कहीं दीवार पर,
तब ब्रह्मराक्षस समझता है
वन्दना की चाँदनी ने
ज्ञान-गुरु माना उसे।

अति-प्रफुल्लित कण्टकित तन-मन वही
करता रहा अनुभव कि नभ ने भी
विनत हो मान ली है श्रेष्ठता उसकी!!

और, तब दुगुने भयानक ओज से
पहचानवाला मन
सुमेरी-बैबिलोनी जन-कथाओं से
मधुर वैदिक ऋचाओं तक
व तब से आज तक के सूत्र
छन्दस्, मन्त्र, थियोरम,
सब प्रमेयों तक
कि मार्क्स, एंजेल्स, रसेल, टॉएन्बी
कि हीडेग्गर व स्पेंग्लर, सार्त्र, गाँधी भी
सभी के सिद्ध-अन्तों का
नया व्याख्यान करता वह

नहाता ब्रह्मराक्षस, श्याम
प्राक्तन बावड़ी की
उन घनी गहराइयों में शून्य।

...ये गरजती, गूँजती, आन्दोलिता
गहराइयों से उठ रहीं ध्वनियाँ, अतः
उद्भ्रान्त शब्दों के नये आवर्त में
हर शब्द निज प्रति-शब्द को भी काटता
वह रूप अपने बिम्ब से भी जूझ
विकृताकार-कृति
है बन रहा
ध्वनि लड़ रही अपनी प्रतिध्वनि से यहाँ

बावड़ी की इन मुँडेरों पर
मनोहर हरी कुहनी टेक सुनते हैं
टगर के पुष्प-तारे श्वेत
वे ध्वनियाँ!
सुनते हैं करौंदी के सुकोमल फूल
सुनता है उन्हें प्राचीन औदुम्बर
सुन रहा हूँ मैं वही
पागल प्रतीकों में कहीं जाती हुई
वह ट्रैजिडी
जो बावड़ी में अड़ गयी।

× × ×

ख़ूब ऊँचा एक ज़ीना! साँवला
उसकी अँधेरी सीढ़ियाँ...
वे एक आभ्यन्तर निराले लोक की।
एक चढ़ना औ' उतरना,
पुनः चढ़ना औ' लुढ़कना,
मोच पैरों में
व छाती पर अनेकों घाव।
बुरे-अच्छे-बीच के संघर्ष
से भी उग्रतर

अच्छे व उससे अधिक अच्छे बीच का संगर
गहन किंचित् सफलता,
अति भव्य असफलता!
...अतिरेकवादी पूर्णता
की ये व्यथाएँ बहुत प्यारी हैं...
ज्यामितिक संगति-गणित
की दृष्टि के कृत
भव्य नैतिक मान
आत्मचेतन सूक्ष्म नैतिक मान...
...अतिरेकवादी पूर्णता की तुष्टि करना
कब रहा आसान
मानवी अन्तःकथाएँ बहुत प्यारी हैं!!

रवि निकलता
लाल चिन्ता की रुधिर-सरिता
प्रवाहित कर दीवारों पर,
उदित होता चन्द्र
व्रण पर बाँध देता
श्वेत-धौली पट्टियाँ
उद्विग्न भालों पर
सितारे आसमानी छोर पर फैले हुए
अनगिन दशमलव से
दशमलव-बिन्दुओं के सर्वतः
पसरे हुए उलझे गणित मैदान में
मारा गया, वह काम आया,
और वह पसरा पड़ा है...
वक्ष-बाँहें खुली फैलीं
एक शोधक की।
व्यक्तित्व वह कोमल स्फटिक प्रासाद-सा,
प्रासाद में ज़ीना
व ज़ीने की अकेली सीढ़ियाँ
चढ़ना बहुत मुश्किल रहा।

वे भाव-संगत तर्क-संगत
कार्य सामंजस्य-योजित
समीकरणों के गणित की सीढ़ियाँ
हम छोड़ दें उसके लिए।
उस भाव-तर्क व कार्य-सामंजस्य-योजन...
शोध में
सब पण्डितों, सब चिन्तकों के पास
वह गुरु प्राप्त करने के लिए
भटका!!

किन्तु—युग बदला व आया कीर्ति-व्यवसायी
...लाभकारी कार्य में से धन,
व धन में से हृदय-मन,
और, धन-अभिभूत अन्तःकरण में से
सत्य की झाईं
        निरन्तर चिलचिलाती थी।

आत्मचेतस् किन्तु इस
व्यक्तित्व में थी प्राणमय अनबन...
विश्वचेतस् बे-बनाव!!
महत्ता के चरण में था
विषादाकुल मन!
मेरा उसी से उन दिनों होता मिलन यदि
तो व्यथा उसकी स्वयं जीकर
बताता मैं उसे उसका स्वयं का मूल्य
      उसकी महत्ता!
वह उस महत्ता का
हम सरीखों के लिए उपयोग.
उस आन्तरिकता का बताता मैं महत्त्व!!

पिस गया वह भीतरी
औ' बाहरी दो कठिन पाटों बीच,
ऐसी ट्रेजिडी है नीच!!

बावड़ी में वह स्वयं
पागल प्रतीकों में निरन्तर कह रहा
वह कोठरी में किस तरह
अपना गणित करता रहा
औ' मर गया...
वह सघन झाड़ी के कँटीले
तम-विवर में
        मरे पक्षी-सा
        विदा ही हो गया
वह ज्योति अनजानी सदा को सो गयी
यह क्यों हुआ!
क्यों यह हुआ!!
मैं ब्रह्मराक्षस का सजल-उर शिष्य
होना चाहता
जिससे कि उसका वह अधूरा कार्य,
उसकी वेदना का स्रोत
संगत, पूर्ण निष्कर्षों तलक
        पहुँचा सकूँ।

दिमाग़ी गुहान्धकार का ओरॉंगउटॉंग!

स्वप्न के भीतर एक स्वप्न,
विचारधारा के भीतर और
एक अन्य
सघन विचारधारा प्रच्छन्न!!
कथ्य के भीतर एक अनुरोधी
विरुद्ध विपरीत,
नेपथ्य...संगीत!!
मस्तिष्क के भीतर एक मस्तिष्क
उसके भी अन्दर एक और कक्ष
कक्ष के भीतर
        एक गुप्त प्रकोष्ठ और
कोठे के साँवले गुहान्धकार में
मज़बूत...सन्दूक़
दृढ़, भारी-भरकम
और उस सन्दूक़ भीतर कोई बन्द है
यक्ष
या कि ओरॉंगउटॉंग हाय
अरे! डर यह है...
न ओरॉंग...उटॉंग कहीं छूट जाय,
कहीं प्रत्यक्ष न यक्ष हो।
करीने से सजे हुए संस्कृत...प्रभामय
अध्ययन-गृह में
बहस उठ खड़ी जब होती है—
विवाद में हिस्सा लेता हुआ मैं
सुनता हूँ ध्यान से
अपने ही शब्दों का नाद, प्रवाह और

पाता हूँ अकस्मात्
स्वयं के स्वर में
ओराँगउटाँग की बौखलाती हुंकृति ध्वनियाँ
एकाएक भयभीत
पाता हूँ पसीने से सिंचित
अपना यह नग्न मन!
हाय-हाय और न जान ले
कि नग्न और विद्रूप
असत्य शक्ति का प्रतिरूप
प्राकृत ओराँग...उटाँग यह
मुझमें छिपा हुआ है।

स्वयं की ग्रीवा पर
फेरता हूँ हाथ कि
करता हूँ महसूस
एकाएक गरदन पर उगी हुई
सघन अयाल और
शब्दों पर उगे हुए बाल तथा
वाक्यों में ओराँग...उटाँग के
        बढ़े हुए नाख़ून!!

दीखती है सहसा
अपनी ही गुच्छेदार मूँछ
        जो कि बनती है कविता
अपने ही बड़े-बड़े दाँत
जो कि बनते हैं तर्क और
दीखता है प्रत्यक्ष
बौना यह भाल और
        झुका हुआ माथा
जाता हूँ चौंक मैं निज से
अपनी ही बालदार सज से
        कपाल की धज से।
और, मैं विद्रूप वेदना से ग्रस्त हो

करता हूँ धड़ से बन्द
वह सन्दूक़
करता हूँ महसूस
हाथ में पिस्तौल बन्दूक़!!
अगर कहीं पेटी वह खुल जाय,
ओराँगउटाँग यदि उसमें से उठ पड़े,
धाँय धाँय गोली दागी जाएगी।
रक़्ताल...फैला हुआ सब ओर
ओराँगउटाँग का लाल-लाल
ख़ून...तत्काल...
ताला लगा देता हूँ मैं पेटी का
बन्द है सन्दूक़!!
अब इस प्रकोष्ठ के बाहर आ
अनेक कमरों को पार करता हुआ
संस्कृत प्रभामय अध्ययन-गृह में
अदृश्य रूप से प्रवेश कर
चली हुई बहस में भाग ले रहा हूँ!!
सोचता हूँ—विवाद में ग्रस्त कई लोग,
कई तल
सत्य के बहाने
स्वयं को चाहते हैं प्रस्थापित करना।
अहं को, तथ्य के बहाने।
मेरी जीभ एकाएक तालू से चिपकती
अक्ल क्षारयुक्त-सी होती है...
और मेरी आँखें उन बहस करनेवालों के
कपड़ों में छिपी हुई
सघन रहस्यमय लम्बी पूँछ देखतीं!!
और मैं सोचता हूँ...
कैसे सत्य हैं—
ढाँक रखना चाहते हैं बड़े-बड़े
नाख़ून!!
किसके लिए हैं वे बाघनख!!
कौन अभागा वह!!

लकड़ी का बना रावण

दीखता
त्रिकोण इस पर्वत-शिखर से
अनाम, अरूप और अनाकार
असीम एक कुहरा,
भस्मीला अन्धकार
फैला है कटे-पिटे पहाड़ी प्रसारों पर;
लटकती हैं मटमैली
ऊँची-ऊँची लहरें
मैदानों पर सभी ओर

लेकिन उस कुहरे से बहुत दूर
ऊपर उठ
पर्वतीय ऊर्ध्वमुखी नोक एक
मुक्त और समुत्तुंग!!

उस शैल-शिखर पर
खड़ा हुआ दीखता है एक द्यौः पिता भव्य
निःसंग
ध्यान-मग्न ब्रह्म...
मैं ही वह विराट् पुरुष हूँ
सर्व-तन्त्र, स्वतन्त्र, सत्-चित्!
मेरे इन अनाकार कन्धों पर विराजमान
खड़ा है सुनील
शून्य
रवि-चन्द्र-तारा-द्युति-मण्डलों के परे तक।

दोनों हम
अर्थात्

मैं व शून्य
देख रहे...दूर...दूर...दूर तक
फैला हुआ
मटमैली जड़ीभूत परतों का
लहरीला कम्बल ओर-छोर-हीन
रहा ढाँक
कन्दरा-गुहाओं को, तालों को
वृक्षों के मैदानी दृश्यों के प्रसार को

अकस्मात्
दोनों हम
मैं व शून्य
देखते कि कम्बल की कुहरीली लहरें
हिल रहीं, मुड़ रहीं!!
क्या यह सच,
कम्बल के भीतर है कोई जो
करवट बदलता-सा लग रहा?
आन्दोलन?
नहीं, नहीं मेरी ही आँखों का भ्रम है
फिर भी उस आर-पार फैले हुए
कुहरे में लहरीला असंयम!!
हाय! हाय!

क्या है यह!! मेरी ही गहरी उसाँस में
कौन-सा है नया भाव?
क्रमशः
कुहरे की लहरीली सलवटें
मुड़ रहीं, जुड़ रहीं,
आपस में गुँथ रहीं!!
क्या है यह!!
यह क्या मज़ाक़ है,
अरूप अनाम इस

कुहरे की लहरों से अगनित
कई आकृति-रूप
बन रहे, बनते-से दीखते!!
कुहरीले भाव भरे चेहरे
अशंक असंख्य व उग्र...
अजीब है,
अजीबोग़रीब है
घटना का मोड़ यह।

अचानक
भीतर के अपने से गिरा कुछ,
खसा कुछ;
नसें ढीली पड़ रहीं
कमज़ोरी बढ़ रही; सहसा
आतंकित हम सब
अभी तक
समुत्तुंग शिखरों पर रहकर
सुरक्षित हम थे
जीवन की प्रकाशित कीर्ति के क्रम थे,
अहं-हुंकृति के ही...यम-नियम थे,
अब क्या हुआ यह
दुःसह!!
सामने हमारे
घनीभूत कुहरे के लक्ष-मुख
लक्ष-वक्ष, शत-लक्ष-बाहु ये रूप, अरे
लगते हैं घोरतर।

जी नहीं,
वे सिर्फ़ कुहरा ही नहीं हैं,
काले-काले पत्थर
व काले-काले लोहे के लगते हैं वे लोग।
हाय, हाय, कुहरे की घनीभूत प्रतिमा या

भरमाया मेरा मन,
उनके वे स्थूल हाथ
मनमाने बलशाली
लगते हैं ख़तरनाक;
जाने-पहचाने-से लगते हैं मुख वे।

डरता हूँ,
उनमें से कोई, हाय
सहसा न चढ़ जाय
उत्तुंग शिखर की सर्वोच्च स्थिति पर,
पत्थर व लोहे के रंग का यह कुहरा?

बढ़ न जायँ
छा न जायँ
मेरी इस अद्वितीय
सत्ता के शिखरों पर स्वर्णाभ,
हमला न कर बैठें खतरनाक
कुहरे के जनतन्त्री
वानर ये, नर ये!!
समुदाय, भीड़
डार्क मासेज ये मॉब हैं
श्यामवर्ण मूढ़ों के दिमाग़ ख़राब हैं,
हलचलें गड़बड़,
नीचे थे जब तक
फ़ासलों में खोये हुए कहीं दूर, पार थे;
कुहरे के घने-घने श्याम प्रसार थे।
अब ये लंगूर हैं
हाय हाय
शिखरस्थ मुझको ये छू न जायँ!!

आसमानी शमशीरी, बिजलियो,
मेरी इन भुजाओं में बन जाओ
ब्रह्म-शक्ति!

पुच्छल ताराओ,
टूट पड़ो बरसो
कुहरे के रंगवाले वानरों के चेहरे
विकृत, असभ्य और भ्रष्ट हैं...
प्रहार करो उनपर,
कर डालो संहार!!

अरे, अरे!
नभ-चुम्बी शिखरों पर हमारे
बढ़ते ही जा रहे
जा रहे चढ़ते
हाय, हाय,
सब ओर घिरा हूँ।

सब तरफ़ अकेला,
शिखर पर खड़ा हूँ।
लक्ष-मुख दानव-सा, लक्ष-हस्त देव-सा।
परन्तु, यह क्या
आत्म-प्रतीति भी धोखा ही दे रही!!
स्वयं को ही लगता हूँ
बाँस के व काग़ज़ के पुट्ठे के बने हुए
महाकाय रावण-सा हास्यप्रद
भयंकर!!

हाय, हाय,
उग्रतर हो रहा चेहरों का समुदाय
और कि भाग नहीं पाता मैं
हिल नहीं पाता हूँ
मैं मन्त्र-कीलित-सा, भूमि में गड़ा-सा,
जड़ खड़ा हूँ
अब गिरा, तब गिरा
इसी पल कि उस पल...

चाँद का मुँह टेढ़ा है

नगर के बीचो-बीच
आधी रात—अँधेरे की काली स्याह
        शिलाओं से बनी हुई
भीतों और अहातों के, काँच-टुकड़े जमे हुए
ऊँचे-ऊँचे कन्धों पर
चाँदनी की फैली हुई सँवलायी झालरें।
कारख़ाना—अहाते के उस पार
धूम्र मुख चिमनियों के ऊँचे-ऊँचे
उद्गार—चिह्नाकार—मीनार,
मीनारों के बीचो-बीच
चाँद का है टेढ़ा मुँह!!
भयानक स्याह सन तिरपन का चाँद वह!!
गगन में करफ़्यू है
धरती पर चुपचाप ज़हरीली छिः थूः है!!
पीपल के ख़ाली पड़े घोंसलों में पक्षियों के,
पैठे हैं ख़ाली हुए कारतूस।
गंजे-सिर चाँद की सँवलायी किरणों के जासूस
साम-सूम नगर में धीरे-धीरे घूम-घाम
नगर के कोनों के तिकोनों में छिपे हैं!!
चाँद की कनखियों की कोण-गामी किरनें
पीली-पीली रोशनी की, बिछाती हैं
अँधेरे में, पट्टियाँ।
देखती हैं नगर की ज़िन्दगी का टूटा-फूटा
उदास प्रसार वह।

समीप विशालाकार
अँधियाले लाल पर

सूनेपन की स्याही में डूबी हुई
चाँदनी भी सँवलायी हुई है!!

भीमाकार पुलों के बहुत नीचे, भयभीत
मनुष्य-बस्ती के बियाबान तटों पर
बहते हुए पथरीले नालों की धारा में
धराशायी चाँदनी के होंठ काले पड़ गये

हरिजन गलियों में
लटकी है पेड़ पर
कुहासे के भूतों की साँवली चूनरी—
चूनरी में अटकी है कंजी आँख गंजे सिर
टेढ़े-मुँह चाँद की।

बारह का वक़्त है,
भुसभुसे उजाले का फुसफुसाता षड्यन्त्र
शहर में चारों ओर;
ज़माना भी सख़्त है!!

अजी, इस मोड़ पर
बरगद की घनघोर शाखाओं की गठियल
अजगरी मेहराब—
मरे हुए ज़मानों की संगठित छायाओं में
बसी हुई
सड़ी-बुसी बास लिये—
फैली है गली के
मुहाने में चुपचाप।
लोगों के अरे! आने-जाने में चुपचाप,
अजगरी कमानी से गिरती है टिप-टिप
फड़फड़ाते पक्षियों की बीट—
मानो समय की बीट हो!!
गगन में करफ़्यू है,

वृक्षों में बैठे हुए पक्षियों पर करफ़्यू है,
धरती पर किन्तु अजी! ज़हरीली छिः थूः है।

बरगद की डाल एक
मुहाने से आगे फैल
सड़क पर बाहरी
लटकती है इस तरह—
मानो कि आदमी के जनम के पहले से
पृथ्वी की छाती पर
जंगली मैमथ की सूँड़ सूँघ रही हो
हवा के लहरीले सिफ़रों को आज भी
घिरी हुई विपदा घेरे-सी
बरगद की घनी-घनी छाँव में
फूटी हुई चूड़ियों की सूनी-सूनी कलाई-सा
सूनी-सूनी गलियों में
ग़रीबों के ठाँव में—
चौराहे पर खड़े हुए
भैरों की सिन्दूरी
गेरुई मूरत के पथरीले व्यंग्य स्मित पर
टेढ़े-मुँह चाँद की ऐयारी रोशनी,
तिलस्मी चाँद की राज़-भरी झाइयाँ!!
तजुर्बों का ताबूत
ज़िन्दा यह बरगद
जानता कि भैरों यह कौन है!!
कि भैरों की चट्टानी पीठ पर
पैरों की मज़बूत
पत्थरी-सिन्दूरी ईंट पर
भभकते वर्णों के लटकते पोस्टर
ज्वलन्त अक्षर!!

सामने है अँधियाला ताल और
स्याह उसी ताल पर
सँवलायी चाँदनी

समय का घण्टाघर
निराकार घण्टाघर
गगन में चुपचाप अनाकार खड़ा है!!
परन्तु, परन्तु...बतलाते
ज़िन्दगी के काँटे ही
कितनी रात बीत गयी

चप्पलों की छपछप,
गली के मुहाने से अजीब-सी आवाज़,
फुसफुसाते हुए शब्द!
जंगल की डालों से गुज़रती हवाओं की सरसर
गली में ज्यों कह जाय
इशारों के आशय,
हवाओं की लहरों के आकार—
किन्हीं ब्रह्म-राक्षसों के निराकार
अनाकार
मानो बहस छेड़ दें
बहस जैसे बढ़ जाय
निर्णय पर चली आय
वैसे शब्द बार-बार
गलियों की आत्मा में
बोलते हैं एकाएक
अँधेरे के पेट में से
ज्वालाओं की आँत बाहर निकल आय
वैसे, अरे, शब्दों की धार एक
बिजली के टॉर्च की रोशनी की मार एक
बरगद के खुरदरे अजगरी तने पर
फैल गयी अकस्मात्
बरगद के खुरदरे अजगरी तने पर
फैल गये हाथ दो
मानो हृदय में छिपी हुई बातों ने सहसा
अँधेरे से बाहर आ भुजाएँ पसारी हों

फैल गये हाथ दो
चिपका गये पोस्टर
बाँके-तिरछे वर्ण और
लाल नीले घनघोर
हड़ताली अक्षर

इन्हीं हलचलों के ही कारण तो सहसा
बरगद में पले हुए पंखों की डरी हुई
चौंकी हुई अजीब-सी गन्दी-सी फड़फड़
अँधेरे की आत्मा से करते हुए शिकायत
काँव-काँव करते हुए पक्षियों के जमघट
उड़ने लगे अकस्मात्
मानो अँधेरे के
हृदय में सन्देही शंकाओं के पक्षाघात!!
मद्धिम चाँदनी में एकाएक एकाएक
खपरैलों पर ठहर गयी
बिल्ली एक चुपचाप
रजनी के निजी गुप्तचरों की प्रतिनिधि
पूँछ उठाये वह
जंगली तेज़
आँख
फैलाये
यमदूत-पुत्री-सी
[सभी देह स्याह, पर
पंजे सिर्फ़ श्वेत और
ख़ून टपकाते हुए नाख़ून]
देखती है मार्जार
चिपकाता कौन है
मकानों की पीठ पर
अहातों की भीत पर
बरगद की अजगरी डालों के फन्दों पर
अँधेरे के कन्धों पर

चिपकाता कौन है?
चिपकाता कौन है
हड़ताली पोस्टर
बड़े-बड़े अक्षर
बाँके-तिरछे वर्ण और
लम्बे-चौड़े घनघोर
लाल-नीले भयंकर
हड़ताली पोस्टर!!
टेढ़े-मुँह चाँद की ऐयारी रोशनी भी ख़ूब है
मकान-मकान घुस लोहे के गज़ों की जाली
के झरोखों को पार कर
लिपे हुए कमरे में
जेल के कपड़े-सी फैली है चाँदनी,
दूर-दूर काली-काली
धारियों के बड़े-बड़े चौखट्टों के मोटे-मोटे
कपड़े-सी फैली है।
लेटी है जालीदार झरोखे से आयी हुई
जेल सुझाती हुई ऐयारी रोशनी!!
अँधियाले ताल पर
काले घिने पंखों के बार-बार
चक्करों के मँडराते विस्तार
घिना चिमगादड़-दल भटकता है चारों ओर
मानो अहं के अवरुद्ध
अपावन अशुद्ध घेरे में घिरे हुए
नपुंसक पंखों की छटपटाती रफ़्तार
घिना चिमगादड़-दल
भटकता है प्यासा-सा,
बुद्धि की आँखों में
स्वार्थों के शीशे-सा!!

बरगद को किन्तु सब
पता था इतिहास,

कोलतारी सड़क पर खड़े हुए सर्वोच्च
गाँधी के पुतले पर
बैठे हुए आँखों के दो चक्र
यानी कि घुग्घू एक–
तिलक के पुतले पर
बैठे हुए घुग्घू से
बातचीत करते हुए
कहता ही जाता है–
"...मसान में...
मैंने भी सिद्धि की।
देखो मूठ मार दी
मनुष्यों पर इस तरह..."
तिलक के पुतले पर बैठे हुए घुग्घू ने
देखा कि भयानक लाल मूँठ
काले आसमान में
तैरती सी धीरे-धीरे जा रही

उद्गार-चिह्नाकार विकराल
तैरता था लाल-लाल!!
देख, उसने कहा कि वाह-वाह
रात के जहाँपनाह
इसीलिए आज-कल
दिन के उजाले में भी अँधेरे की साख है
रात्रि की काँखों में दबी हुई
संस्कृति-पाखी के पंख हैं सुरक्षित!!
...पी गया आसमान
रात्रि की अँधियाली सचाइयाँ घोंट के,
मनुष्यों को मारने के ख़ूब हैं ये टोटके!
गगन में करफ़्यू है,
ज़माने में ज़ोरदार ज़हरीली छिः थूः है!!
सराफ़े में बिजली के बूदम
खम्भों पर लटके हुए मद्धिम

दिमाग़ में धुन्ध है,
चिन्ता है सट्टे की हृदय-विनाशिनी!!
रात्रि की काली स्याह
कड़ाही से अकस्मात्
सड़कों पर फैल गयी
सत्यों की मिठाई की चाशनी!!

टेढ़े-मुँह चाँद की ऐयारी रोशनी
भीमाकार पुलों के
ठीक नीचे बैठकर,
चोरों-सी उचक्कों-सी
नालों और झरनों के तटों पर
किनारे-किनारे चल,
पानी पर झुके हुए
पेड़ों के नीचे बैठ,
रात-बे-रात वह
मछलियाँ फँसाती है
आवारा मछुओं-सी शोहदों-सी चाँदनी
सड़कों के पिछवाड़े
टूटे-फूटे दृश्यों में,
गन्दगी के काले-से नाले के झाग पर
बदमस्त कल्पना-सी फैली थी रात-भर
सेक्स के कष्टों के कवियों के काम-सी!
किंग्सवे में मशहूर
रात की है ज़िन्दगी!
सड़कों की श्रीमान्
भारतीय फिरंगी दूकान,
सुगन्धित प्रकाश में चमचमाता ईमान
रंगीन चमकती चीज़ों के सुरभित
स्पर्शों में
शीशों की सुविशाल झाँइयों के रमणीय
दृश्यों में

बसी थी चाँदनी
ख़ूबसूरत अमरीकी मैगज़ीन-पृष्ठों-सी
खुली थी,
नंगी-सी नारियों के
उघरे हुए अंगों के
विभिन्न पोजों में
लेटी थी चाँदनी
सफ़ेद
अण्डरवीअर-सी, आधुनिक प्रतीकों में
फैली थी
चाँदनी!
करफ़्यू नहीं यहाँ, पसन्दगी...सन्दली,
किंग्सवे में मशहूर रात की है ज़िन्दगी

अजी, यह चाँदनी भी बड़ी मसखरी है!!
तिमंज़िले की एक
खिड़की में बिल्ली के सफ़ेद धब्बे-सी
चमकती हुई वह
समेटकर हाथ-पाँव
किसी की ताक में
बैठी हुई चुपचाप
धीरे से उतरती है
रास्तों पर पथों पर;
चढ़ती है छतों पर
गैलरी में घूम और
खपरैलों पर चढ़कर
नीमों की शाखों के सहारे
आँगन में उतरकर
कमरों में हलके-पाँव
देखती है, खोजती है—
शहर के कोनों के तिकोने में छुपी हुई
चाँदनी

सड़क के पेड़ों के गुम्बदों पर चढ़कर
महल उलाँघ कर
मुहल्ले पार कर
गलियों की गुहाओं में दबे-पाँव
खुफ़िया सुराग़ में
गुप्तचरी ताक में
जमी हुई खोजती है कौन वह
कन्धों पर अँधेरे के
चिपकाता कौन है
भड़कीले पोस्टर,
लम्बे-चौड़े वर्ण और
बाँके-तिरछे घनघोर
लाल-नीले अक्षर।

कोलतारी सड़क के बीचो-बीच खड़ी हुई
गान्धी की मूर्ति पर
बैठे हुए घुग्घू ने
गाना शुरू किया,
हिचकी की ताल पर
साँसों ने तब
मर जाना
शुरू किया,
टेलीफ़ोन-खम्भों पर थमे हुए तारों ने
सट्टे के ट्रंक-कॉल-सुरों में
थर्राना और झनझनाना शुरू किया!
रात्रि का काला-स्याह
कऩ-टोप पहने हुए
आसमान-बाबा ने हनुमान-चालीसा
डूबी हुई बानी में गाना शुरू किया।
मसान के उजाड़
पेड़ों की अँधियाली शाख पर
लाल-लाल लटके हुए

प्रकाश के चीथड़े—
हिलते हुए, डुलते हुए, लपट के पल्लू।
सचाई के अध-जले मुर्दों की चिताओं की
फटी हुई, फूटी हुई दहक में कवियों ने
बहकती कविताएँ गाना शुरू किया।
संस्कृति के कुहरीले धुएँ से भूतों के
गोल-गोल मटकों से चेहरों ने
नम्रता के घिघियाते स्वाँग में
दुनिया को हाथ जोड़
कहना शुरू किया—
बुद्ध के स्तूप में
मानव के सपने
गड़ गये, गाड़े गये!!
ईसा के पंख सब
झड़ गये, झाड़े गये!!
सत्य की
देवदासी-चोलियाँ उतारी गयीं
उघारी गयीं,
सपनों की आँतें सब
चीरी गयीं, फाड़ी गयीं!!
बाक़ी सब खोल है,
ज़िन्दगी में झोल है!!
गलियों का सिन्दूरी विकराल
खड़ा हुआ भैरों, किन्तु,
हँस पड़ा ख़तरनाक
चाँदनी के चेहरे पर
गलियों की भूरी ख़ाक
उड़ने लगी धूल और
सँवलायी नंगी हुई चाँदनी!

और, उस अँधियाले ताल के उस पार
नगर निहारता-सा खड़ा है पहाड़ एक

लोहे की नभ-चुम्बी शिला का चबूतरा
लोहांगी कहाता है
कि जिसके भव्य शीर्ष पर
बड़ा भारी खण्डहर
खण्डहर के ध्वंसों में बुज़ुर्ग दरख़्त एक
जिसके घने तने पर
लिक्खी हैं प्रेमियों ने
अपनी याददाश्तें,
लोहांगी में हवाएँ
दरख़्त में घुसकर
पत्तों से फ़ुसफ़ुसाती कहती हैं
नगर की व्यथाएँ
सभाओं की कथाएँ
मोर्चों की तड़प और
मकानों के मोर्चे मीटिंगों के मर्म-राग
अंगारों से भरी हुई
प्राणों की गर्म राख
गलियों में बसी हुई छायाओं के लोक में
छायाएँ हिलीं कुछ
छायाएँ चलीं दो
मद्धिम चाँदनी में
भैरों के सिन्दूरी भयावने मुख पर
छायीं दो छायाएँ
छरहरी छाइयाँ!!
रात्रि की थाहों में लिपटी हुई साँवली तहों में
ज़िन्दगी की प्रश्नमयी थरथर
थरथराते बेक़ाबू चाँदनी के
पल्ले-सी उड़ती है गगन-कंगूरों पर।
पीपल के पत्तों के कम्प में
चाँदनी के चमकते कम्प से
ज़िन्दगी की अकुलायी थाहों के अंचल
उड़ते हैं हवा में!!

ग़लियों के आगे बढ़
बग़ल में लिये कुछ
मोटे-मोटे काग़ज़ों की घनी-घनी भोंगली
लटकाये हाथ में
डिब्बा एक टीन का
डिब्बे में धरे हुए लम्बी-सी कूँची एक
ज़माना नंगे-पैर
कहता मैं पेण्टर
शहर है साथ-साथ
कहता मैं कारीगर—
बरगद की गोल-गोल
हड्डियों की पत्तेदार
उलझनों के ढाँचों में
लटकाओ पोस्टर,
गलियों के अलमस्त
फ़क़ीरों के लहरदार
गीतों से फहराओ
चिपकाओ पोस्टर
कहता है कारीगर।
मज़े में आते हुए
पेण्टर ने हँसकर कहा—
पोस्टर लगे हैं,
कि ठीक जगह
तड़के ही मज़दूर
पढ़ेंगे घूर-घूर,
रास्ते में खड़े-खड़े लोग-बाग
पढ़ेंगे ज़िन्दगी की
झल्लायी हुई आग!
प्यारे भाई कारीगर,
अगर खींच सकूँ मैं—
हड़ताली पोस्टर पढ़ते हुए
लोगों के रेखा-चित्र,

बड़ा मज़ा आएगा
कत्थई खपरैलों से उठते हुए धुएँ
रंगों में
आसमानी सियाही मिलायी जाय,
सुबह की किरनों के रंगों में
रात के गृह-दीप-प्रकाश को आशाएँ घोलकर
हिम्मतें लायी जायँ,
स्याहियों से आँख बने
आँखों की पुतली में धधक की लाल-लाल
पाँख बने,
एकाग्र ध्यान-भरी
आँखों की किरनें
पोस्टरों पर गिरें—तब
कहो भाई कैसा हो?
कारीगर ने साथी के कन्धे पर हाथ रख
कहा तब—
मेरे भी करतब सुनो तुम,
धुएँ से कजलाये
कोठे की भीत पर
बाँस की तीली की लेखनी से लिखी थी
राम-कथा व्यथा की
कि आज भी जो सत्य है
लेकिन, भाई, कहाँ अब वक़्त है
तसवीरें बनाने की
इच्छा अभी बाक़ी है—
ज़िन्दगी भूरी ही नहीं, वह ख़ाकी है।
ज़माने ने नगर के कन्धे पर हाथ रख
कह दिया साफ़-साफ़
पैरों के नखों से या डण्डे की नोक से
धरती की धूल में भी रेखाएँ खींचकर
तसवीरें बनाती हैं
बशर्ते कि ज़िन्दगी के चित्र-सी

बनाने का चाव हो
श्रद्धा हो, भाव हो।
कारीगर ने हँसकर
बग़ल में खींचकर पेण्टर से कहा, भाई
चित्र बनाते वक़्त
सब स्वार्थ त्यागे जायँ,
अँधेरे से भरे हुए
ज़ीने की सीढ़ियाँ चढ़ती-उतरती जो
अभिलाषा—अन्ध है
ऊपर के कमरे सब अपने लिए बन्द हैं
अपने लिए नहीं वे!!
ज़माने ने नगर से यह कहा कि
ग़लत है यह, भ्रम है
हमारा अधिकार सम्मिलित श्रम और
छीनने का दम है!
फ़िलहाल तसवीरें
इस समय हम
नहीं बना पाएँगे
अलबत्ता पोस्टर हम लगा जाएँगे।
हम धधकाएँगे।
मानो या मानो मत
आज तो चन्द्र है, सविता है,
पोस्टर ही कविता है!!
वेदना के रक्त से लिखे गये
लाल-लाल घनघोर
धधकते पोस्टर
गलियों के कानों में बोलते हैं
धड़कती छाती की प्यार-भरी गरमी में
भाफ़-बने आँसू के ख़ूँखार अक्षर!!
चटाख से लगी हुई
रायफ़ली गोली के धड़ाकों से टकरा
प्रतिरोधी अक्षर

ज़माने के पैग़म्बर
टूटता आसमान थामते हैं कन्धों पर
हड़ताली पोस्टर
कहते हैं पोस्टर—
आदमी की दर्द-भरी गहरी पुकार सुन
पड़ता है दौड़ जो
आदमी है वह ख़ूब
जैसे तुम भी आदमी
वैसे मैं भी आदमी;
बूढ़ी माँ के झुर्रीदार
चेहरे पर छाये हुए
आँखों में डूबे हुए
ज़िन्दगी के तजुर्बात
बोलते हैं एक साथ
जैसे तुम भी आदमी
वैसे मैं भी आदमी,
चिल्लाते हैं पोस्टर।
धरती का नीला पल्ला काँपता है
यानी आसमान काँपता है,
आदमी के हृदय में करुणा की रिमझिम,
काली इस झड़ी में
विचारों की विक्षोभी तडित् कराहती
क्रोध की गुहाओं का मुँह खोले
शक्ति के पहाड़ दहाड़ते
काली इस झड़ी में वेदना की तडित् कराहती
मदद के लिए अब,
करुणा के रोंगटों में सन्नाटा
दौड़ पड़ता आदमी,
व आदमी के दौड़ने के साथ-साथ
दौड़ता जहान
और दौड़ पड़ता आसमान!!

मुहल्ले के मुहाने के उस पार

बहस छिड़ी हुई है,
पोस्टर पहने हुए
बरगद की शाखें ढीठ
पोस्टर धारण किये
भैरों की कड़ी पीठ
भैरों और बरगद में बहस खड़ी हुई है
ज़ोरदार जिरह कि कितना समय लगेगा
सुबह होगी कब और
मुश्किल होगी दूर कब
समय का कण-कण
गगन की कालिमा से
बूँद-बूँद चू रहा
तडित्-उजाला बन!!

डूबता चाँद कब डूबेगा

अँधियारे मैदान के इन सुनसानों में
बिल्ली की, बाघों की आँखों-सी चमक रहीं
ये राग-द्वेष, ईर्ष्या, भय, मत्सर की आँखें,
हरियातूता की ज़हरीली-नीली-नीली
ज्वाला, कुत्सा की आँखों में।
ईर्ष्या-रूपी औरत की मूँछ निकल आयी।
इस द्वेष-पुरुष के दो हाथों के
चार और पंजे निकले।
मत्सर को ठस्सेदार तेज़ दो बौद्धिक सींग निकल आये।
स्वार्थी भावों की लाल
विक्षुब्ध चींटियों को सहसा
अब उजले पर कितने निकले।
अँधियारे बिल से झाँक रहे
सर्पों की आँखें तेज़ हुईं।
अब अहंकार उद्विग्न हुआ,
मानव के सब कपड़े उतार
वह रीछ एकदम नग्न हुआ
ठूँठों पर बैठे घुग्घू-दल
के नेत्र-चक्र घूमने लगे
इस बियाबान के नभ में सब
नक्षत्र वक्र घूमने लगे।
कुछ ऐसी चलने लगी हवा,
अपनी अपराधी कन्या की चिन्ता में माता-सी बेकल
उद्विग्न रात
के हाथों से
अँधियारे नभ की राहों पर

है गिरी छूटकर
गर्भपात की तेज़ दवा
बीमार समाजों की जो थी।
दुर्घटना से ज्वाला काँपी कन्दीलों में
अँधियारे कमरों की मद्धिम पीली लौ में,
जब नाच रही भीतों पर भुतही छायाएँ
आशंका की—
गहरे कराहते गर्भों से
मृत बालक ये कितने जनमे,
बीमार समाजों के घर में!
बीमार समाजों के घर में
जितने भी हल हैं प्रश्नों के
वे हल, जिन के पूर्व मरे।
उनके प्रेतों के आस-पास
दार्शनिक दुखों की गिद्ध-सभा
आँखों में काले प्रश्न-भरे बैठी गुम-सुम।
शोषण के वीर्य-बीज से अब जनमे दुर्दम
दो सिर के, चार पैर वाले राक्षस-बालक।
विद्रूप सभ्यताओं के लोभी संचालक।
मानव की आत्मा से सहसा कुछ दानव और निकल आये!

मानव-मस्तक में से निकले
कुछ ब्रह्म-राक्षसों ने पहनी
गाँधीजी की टूटी चप्पल
हरहरा उठा यह पीपल तब
हँस पड़ा ठठाकर, गर्जन कर, गाँव का कुआँ।
तब दूर, सुनाई दिया शब्द, 'हुआँ' 'हुआँ'!
त्यागे मन्दिर के अध-टूटे गुम्बद पर स्थित
वीरान प्रदेशों का घुग्घू
चुपचाप, तेज़, देखता रहा—
झरने के पथरीले तट पर
रात के अँधेरे में धीरे

चुपचाप, कौन वह आता है, या आती है,
उसके पीछे–
पीला-पीला मद्धिम कोई कन्दील
छिपाये धोती में (डर किरणों से)
चुपचाप कौन वह आता है या आती है–
मानो सपने के भीतर सपना आता हो,
सपने में कोई जैसे पीछे से टोंके,
फिर, कहे कि ऐसा कर डालो!
फिर, स्वयं देखता खड़ा रहे
औ' सुना करे वीराने की आहटें, स्वयं ही सन्नाकर
रह जाए अपने को खो के!

त्यागे मन्दिर के अध-टूटे गुम्बद पर स्थित
घुग्घू की आँखों को अब तक
कोई भी धोखा नहीं हुआ,
उसने देखा–
झरने के तट पर रोता है कोई बालक,
अँधियारे में काले सियार-से घूम रहे
मैदान सूँघते हुए हवाओं के झोंके।
झरने के पथरीले पट पर
सो चुका, अरे, किन-किन करके, कुछ रो-रो के
चिथड़ा में सद्योजात एक बालक सुन्दर।
आत्मा-रूपी माता ने जाने कब त्यागा
जीवन का आत्मज सत्य न जाने किसके डर?
माँ की आँखों में भय का कितना बीहड़पन
जब वन्य तेंदुओं की आँखों से दमक उठे
गुरु-शुक्र और तारे नभ में
जब लाल बबर फ़ौजी-जैसा
जो ख़ूनी चेहरा चमक उठा
वह चाँद कि जिसकी नज़रों से
यों बचा-बचा
यदि आत्मज सत्य यहाँ रक्खें झरने के तट,

अनुभव शिशु की रक्षा होगी।
ले इसी तरह के भाव अनगिनत लोगों ने
अपने ज़िन्दा सत्यों का गला बचाने को
अपना सब अनुभव छिपा लिया,
हाँ में हाँ, नहीं नहीं में भर
अपने को जग में खपा लिया!

चुपचाप सो रहा था मैं अपने घर में जब,
सहसा जगकर, चट कदम बढ़ा,
अँधियारे के सुनसान पथों पर निकल पड़ा,
बहते झरने के तट आया
देखा—बालक! अनुभव-बालक!!
चट, उठा लिया अपनी गोदी में,
वापस खुश-खुश घर आया!
अपने अँधियारे कमरे में
आँखें फाड़े मैंने देखा मन के मन में
जाने कितने कारावासी वसुदेव
स्वयं अपने कर में, शिशु-आत्मज ले,
बरसाती रातों में निकले,
धँस रहे अँधेरे जंगल में
विक्षुब्ध पूर में यमुना के
अति-दूर अरे, उस नन्द ग्राम की ओर चले।
जाने किसके डर स्थानान्तरित कर रहे वे
जीवन के आत्मज सत्यों को,
किस महाकंस से भय खाकर गहरा-गहरा।
भय से अभ्यस्त कि वे उतनी
लेकिन परवाह नहीं करते!!
इसलिए, कंस के घण्टाघर
में ठीक रात के बारह पर
बन्दूक़ थमा दानव-हाथों,
अब दुर्जन ने बदला पहरा!
पर इस नगरी के मरे हुए

जीवन के काले जल की तह
के नीचे सतहों में चुप
जो दबे पाँव चलती रहतीं
जल-धाराएँ ताज़ी-ताज़ी निर्भय, उद्धत
तल में झीरें वे अप्रतिहत!

कानाफूसी से व्याप्त बहुत हो जाती है,
इन धाराओं में बात बहुत हो जाती है।
आते-जाते, पथ में, दो शब्द फुसफुसाते
इनको, घर आते, रात बहुत हो जाती है।
एक ने कहा--
अम्बर के पलने से उतार रवि—राजपुत्र
ढाँककर साँवले कपड़ों में
रख दिशा-टोकरी में उसको
रजनी-रूपी पन्ना दाई
अपने से जन्मा पुत्र-चन्द्र फिर सुला गगन के पलने में
चुपचाप टोकरी सिर पर रख
रवि-राजपुत्र ले खिसक गयी
पुर के बाहर पन्ना दाई।
यह रात-मात्र उसकी छाया।
घबराहट जो कि हवा में है
इसलिए कि अब
शशि की हत्या का क्षण आया।

अन्य ने कहा—
घन तम में लाल अलावों की
नाचती हुई ज्वालाओं में
मृदु चमक रहे जन-जन मुख पर
आलोकित ये विचार हैं अब,
ऐसे कुछ समाचार हैं अब
यह घटना बार-बार होगी,
शोषण के बन्दीगृह-जन में

जीवन की तीव्र धार होगी!
और ने कहा—
कारा के चौकीदार कुशल
चुपचाप फलों के बक्से में
युगवीर शिवाजी को भरते
जो वेश बदल, जाता दक्षिण की ओर निकल!
एक ने कहा—
बन्दूक़ों के कुन्दों पर स्याह अँगूठों ने
लोहे के घोड़े खड़े किये,
पिस्तौलों ने अपने-अपने मुँह बड़े किये,
अस्त्रों को पकड़े कलाइयों
की मोटी नस हाँफने लगी
एकाग्र निशाना बने ध्यान के माथे पर
फिर मोटी नसें कसीं, उभरीं
पर पैरों में काँपने लगीं।
लोहे की नालों की टापें गूँजने लगीं।
अम्बर के हाथ-पैर फूले,
काल की जड़ें सूजने लगीं।
झाड़ों की डाढ़ी में फन्दे झूलने लगे,
डालों से मानव-देह बँधे झूलने लगे।
गलियों-गलियों हो गयी मौत की गस्त शुरू,
पागल-आँखों, सपने सियाह बदमस्त शुरू!
अपने ही कृत्यों-डरी
रीढ़ हड्डी
पिचपिची हुई,
वह मरे साँप के तन-सी ही लुचलुची हुई।
अन्य ने कहा—
दुर्दान्त ऐतिहासिक स्पन्दन
के लाल रक्त से लिखते तुलसीदास आज
अपनी पीड़ा की रामायण,
उस रामायण की पीड़ा के आलोक-वलय
में मुख-मण्डल माँ का झुर्रियों-भरा

उभरा-निखरा,
उर-कष्ट-भरी स्मित-हँसी
कि ज्यों आहत पक्षी
रक्तांकित पंख फड़फड़ाती
मेरे उर की शाखाओं पर आ बैठी है
कराह दाबे गहरी
(जिससे कि न मैं जाऊँ घबरा),
माँ की जीवन-भर की ठिठुरन,
मेरे भीतर
गहरी आँखोंवाला सचेत
बन गयी दर्द।
उसकी जर्जर बदरंग साड़ी का रंग
मेरे जीवन में पूरा फैल गया।
मुझको, तुमको
उसकी आस्था का विक्षोभी
गहरी धक्का
विक्षुब्ध ज़िन्दगी की सड़कों पर ठेल गया।
भोली पुकारती आँखें वे
मुझको निहारती बैठी हैं।

और ने कहा—
वह चादर ओढ़, दबा ठिठुरन, मेरे साथी!
वह दूर-दूर बीहड़ में भी,
बीहड़ के अन्धकार में भी,
जब नहीं सूझ कुछ पड़ता है,
जब अँधियारा समेट बरगद
तम की पहाड़ियों-से दिखते,
जब भाव-विचार स्वयं के भी
तम-भरी झाड़ियों-से दिखते।
जब तारे सिर्फ़ साथ देते
पर नहीं हाथ देते पल-भर
तब, कण्ठ मुक्त कर, मित्र-स्वजन

नित नभ-चुम्बी गीतों द्वारा
अपना सक्रिय अस्तित्व जनाते एक-दूसरे को
वे भूल और फिर से सुधार के रास्ते से
अपना व्यक्तित्व बनाते हैं।
तब हम भी अपने अनुभव के सारांशों को
उन तक पहुँचाते हैं, जिसमें
जिस पहुँचाने के द्वारा, हम सब साथी मिल
दण्डक वन में से लंका का
पथ खोज निकाल सकें प्रतिपल
धीरे-धीरे ही सही, बढ़ उत्थानों में, अभियानों में

अँधियारे मैदानों के इन सुनसानों में
रात की शून्यताओं का गहरापन ओढ़े
ज़्यादा मोटे, ज़्यादा ऊँचे, ज़्यादा ऐंठे
भारी-भरकम लगनेवाले
इन क़िले-कंगूरों-छज्जों-गुम्बद-मीनारों
पर, क्षितिज-गुहा-माँद में से निकल
तिरछा झपटा,
जो गंजी साफ़-सफ़ेद खोपड़ीवाला चाँद
कुतर्की वह
सिर-फिरे किसी ज्यामिति-शाली-रा है।
नीले-पीले में घुले सफ़ेद उजाले की
आड़ी-तिरछी लम्बी-चौड़ी
रेखाओं से
इन अन्धकार-नगरी की बढ़ी हुई
आकृति के खींच खड़े नक्शे
वह नये नमूने बना रहा
उस वक़्त हवाओं में अजीब थर्राहट-सी
मैं उसका सुनता हुआ,
बढ़ रहा हूँ आगे
चौराहे पर
प्राचीन किसी योद्धा की ऊँची स्फटिक मूर्ति,

जिस पर असंग चमचमा रही है,
राख चाँदनी की अजीब
उस हिमीभूत सौन्दर्य-दीप्ति
में पुण्य कीर्ति
की वह पाषाणी अभिव्यक्ति
कुछ हिली।
उस स्फटिक मूर्ति के पास
देखता हूँ कि चल रही साँस
मेरी उसकी।
वे होठ हिले
वे होठ हँसे
फिर देखा बहुत ध्यान से तब
भभके अक्षर!!
वे लाल-लाल नीले-से स्वर
बाँके टेढ़े जो लटक रहे
उसके चबूतरे पर, धधके!!

मेरी आँखों में धूमकेतु नाचे,
उल्काओं की पंक्तियाँ काव्य बन गयीं
घोषणा बनी!!
चाँदनी निखर हो उठी
उस स्फटिक मूर्ति पर, उल्काओं पर
मेरे चेहरे पर!!
पाषाण-मूर्ति के स्फटिक अधर
पर वक्र-स्मित
की रेखाएँ उसको निहारती हैं
उन रेखाओं में सहसा मैं बँध जाता हूँ
मेरे चेहरे पर नभोगन्धमय एक भव्यता-सी।
धीरे-धीरे मैं क़दम बढ़ा
गलियों की ओर मुड़ा
जाता हूँ। ज्वलत् शब्द-रेखा
दीवारों पर, चाँदनी-धुँधलके में भभकी

वह कल होनेवाली घटनाओं की कविता
जी में उमगी!!
तब अन्धकार-गलियों की
गहरी मुसकराहट
के लम्बे-लम्बे गर्त-टीले
मेरे पीले चेहरे पर सहसा उभर उठे!!
यों हर्षोत्फुल्ल ताज़गी ले
मैं घर में घुसता हूँ कि तभी
सामने खड़ी स्त्री कहती है—
"अपनी छायाएँ सभी तरफ़
हिल-डोल-रहीं,
ममता मायाएँ सभी तरफ़
मिल बोल रहीं,
हम कहाँ नहीं, हम जगह-जगह
हम यहाँ-वहाँ
माना कि हवा में थर्राता गाना भुतहा,
हम सक्रिय हैं।"

मेरे मुख पर
मुसकानों के आन्दोलन में
बोलती नहीं, पर डोल रही
शब्दों की तीखी तड़ित्
नाच उठती, केवल प्रकाश-रेखा बनकर!
अपनी खिड़की से देख रहे हैं हम दोनों
डूबता चाँद, कब डूबेगा!!

एक भूतपूर्व विद्रोही का आत्म-कथन

दुःख तुम्हें भी है,
दुःख मुझे भी।
हम एक ढहे हुए मकान के नीचे
दबे हैं।
चीख़ निकलना भी मुश्किल है,
असम्भव...
हिलना भी।
भयानक है बड़े-बड़े ढेरों की
पहाड़ियों-नीचे दबे रहना और
महसूस करते जाना
पसली की टूटी हुई हड्डी।
भयंकर है! छाती पर वज़न टीलों
का रखे हुए
ऊपर के जड़ीभूत दबाव से दबा हुआ
अपना स्पन्द
अनुभूत करते जाना,
दौड़ती रुकती हुई धुकधुकी
महसूस करते जाना भीषण है।
भयंकर है।
वाह क्या तजुरबा है!!
छाती में गड्ढा है!!

पुराना मकान था, ढहना था, ढह गया,
बुरा क्या हुआ?
बड़े-बड़े दृढ़ाकार दम्भवान
खम्भे वे ढह पड़े!!
जड़ीभूत परतों में, अवश्य, हम दब गये।

हम उनमें रह गये,
बुरा हुआ, बहुत बुरा हुआ!!
पृथ्वी के पेट में घुसकर जब
पृथ्वी के हृदय की गरमी के द्वारा सब
मिट्टी के ढेर ये चट्टान बन जाएँगे
तो उन चट्टानों की
आन्तरिक परतों की सतहों में
चित्र उभर आएँगे
हमारे चेहरे के, तन-बदन के, शरीर के,
अन्तर की तसवीरें उभर आएँगी, सम्भवतः,
यही एक आशा है कि
मिट्टी के अँधेरे उन
इतिहास-स्तरों में तब
हमारा भी चिह्न रह जाएगा।
नाम नहीं,
कीर्ति नहीं,
केवल अवशेष, पृथ्वी के खोदे हुए गड्ढों में
रहस्यमय पुरुषों के पंजर और
ज़ंग-खायी नोकों के अस्त्र!!
स्वयं की ज़िन्दगी फ़सिल कभी
नहीं रही,
क्यों हम बाग़ी थे,
उस वक़्त,
जब रास्ता कहाँ था?
दीखता नहीं था कोई पथ।
अब तो रस्ते-ही-रस्ते हैं।
मुक्ति के राजदूत सस्ते हैं।
क्योंकि हम बाग़ी थे,
आख़िर, बुरा क्या हुआ?
पुराना महल था,
ढहना था, ढह गया।
वह चिड़िया,

उसका वह घोंसला...
जाने कहाँ दब गया।
अँधेरे छेदों में चूहे भी मर गये,
हमने तो भविष्य
पहले कह रखा था कि–
केंचुली उतारता साँप दब जाएगा अकस्मात्,
हमने तो भविष्य पहले कह रखा था!
लेकिन अनसुनी की लोगों ने!!
वैसे, चूँकि
हम दब गये, इसलिए
दुःख तुम्हें भी है,
मुझे भी।

नक्षीदार कलात्मक कमरे भी ढह पड़े,
जहाँ एक ज़माने में
चूम गये होठ,
छाती जकड़ी गयी आवेशालिंगन में।
पुरानी भीतों की बास मिली हुई
इक महक
तुम्हारे चुम्बन की
और उस कहानी का अंगारी अंग-स्पर्श
गया, मृत हुआ!
हम एक ढहे हुए
मकान के नीचे दबे पड़े हैं।
हमने पहले कह रखा था महल गिर
जाएगा।
ख़ूबसूरत कमरों में कई बार,
हमारी आँखों के सामने,
हमारे विद्रोह के बावजूद,
बलात्कार किये गये
नक्षीदार कक्षों में।
भोले निर्व्याज नयन हिरनी-से

मासूम चेहरे
निर्दोष तन-बदन
दैत्यों की बाँहों के शिकंजों में
इतने अधिक
इतने अधिक जकड़े गये
कि जकड़े ही जाने के
सिकुड़ते हुए घेरे में वे तन-मन
दबते-पिघलते हुए एक भाप बन गये।
एक कुहरे की मेह,
एक धूमैला भूत,
एक देह-हीन पुकार,
कमरे के भीतर और इर्द-गिर्द,
चक्कर लगाने लगी।
आत्म-चैतन्य के प्रकाश—
भूत बन गये।
भूत-बाधा-ग्रस्त,
कमरों को अन्ध-श्याम साँय-साँय
हमने बतायी तो
दण्ड हमीं को मिला,
बाग़ी क़रार दिये गये,
चाँटा हमीं को पड़ा,
बन्द तहख़ाने में—कुओं में फेंके गये,
हमीं लोग!!
क्योंकि हमें ज्ञान था,
ज्ञान अपराध बना।
महल के दूसरे
और-और कमरों में कई रहस्य—
तकिये के नीचे पिस्तौल,
गुप्त ड्रॉअर,
गद्दियों के अन्दर छिपाये-सिये गये
ख़ून-रँगे पत्र, महत्त्वपूर्ण!!
अजीब कुछ फ़ोटो!!

रहस्य-पुरुष छायाएँ
लिखती हैं
इतिहास इस महल का।

अजीब संयुक्त परिवार है–
औरतें व नौकर और मेहनतकश
अपने ही वक्ष को
खुरदरा वृक्ष-धड़
मानकर घिसती हैं, घिसते हैं
अपनी ही छाती पर ज़बर्दस्ती
विष-दन्ती भावों का सर्प-मुख।
विद्रोही भावों का नाग-मुख।
रक्त लुप्त होता है!
नाग जकड़ लेता है बाँहों को,
किन्तु वे रेखाएँ मस्तक पर
स्वयं नाग होती हैं!
चेहरे के स्वयं भाव सरीसृप होते हैं,
आँखों में ज़हर का नशा रंग लाता है।
बहुएँ मुँडेरों से कूद अरे!
आत्महत्या करती हैं!!
ऐसा मकान यदि ढह पड़ा,
हवेली गिर पड़ी
महल धराशायी, तो
बुरा क्या हुआ!
ठीक है कि हम भी तो दब गये,
हम जो विरोधी थे
कुओं-तहख़ानों में क़ैद-बन्द
लेकिन हम इसलिए
मरे कि ज़रूरत से
ज़्यादा नहीं; बहुत-बहुत कम
हम बाग़ी थे!!

मेरे साथ

खण्डहर में दबी हुई अन्य धुकधुकियो,
सोचो तो–
कि स्पन्द अब...
पीड़ा-भरा उत्तरदायित्व-भार हो चला,
कोशिश करो,
कोशिश करो,
जीने की,
ज़मीन में गड़कर भी।

इतने भीम जड़ीभूत
टीलों के नीचे हम दबे हैं,
फिर भी जी रहे हैं।
सृष्टि का चमत्कार!!
चमत्कार प्रकृति का ज़रा और फैलाये।
सभी कुछ ठोस नहीं खँडेरों में।
हज़ारों छेद, करोड़ों रन्ध्र,
जिनमें से छन-छनकर
पवन भी आता है।
ऐसा क्यों?
हवा ऐसा क्यों करती है?
ऑक्सीजन
नाक से
पी लें ख़ूब, पी लें!

आवाज़ आती है,
सातवें आसमान में कहीं दूर
इन्द्र के ढह पड़े महल के खण्डहर को
बिजली की गेतियाँ व फावड़े
खोद-खोद
ढेर दूर कर रहे।
कहीं से फिर एक
आती आवाज़–
'कई ढेर बिलकुल साफ़ हो चुके'

और तभी–
किसी अन्य गम्भीर-उदात्त
आवाज़ ने
चिल्लाकर घोषित किया–
"प्राथमिक शाला के
बच्चों के लिए एक
खुला-खुला, धूप-भरा साफ़-साफ़
खेल कूद-मैदान-सपाट-अपार-
यों बनाया जाएगा कि
पता भी न चलेगा कि
कभी महल था यहाँ भगवान् इन्द्र का,"
हम यहाँ ज़मीन के नीचे दबे हुए हैं।

गड़ी हुई अन्य धुकधुकियो,
खुश रहो
इसी में कि
वक्षों में तुम्हारे अब
बच्चे ये खेलेंगे।
छाती की मटमैली ज़मीनी सतहों पर
मैदान, धूप व खुली-खुली हवा ख़ूब
हँसेगी व खेलेगी।
किलकारी भरेंगे ये बालगण

लेकिन, दबी धुकधुकियो,
सोचो तो कि
अपनी ही आँखों के सामने
ख़ूब हम खेत रहे!
ख़ूब काम आये हम!!
आँखों के भीतर की आँखों में डूब-डूब
फैल गये हम लोग!!
आत्म-विस्तार यह
बेकार नहीं जाएगा
ज़मीन में गड़े हुए देहों की ख़ाक से

शरीर की मिट्टी से, धूल से।
खिलेंगे गुलाबी फूल।
सही है कि हम पहचाने नहीं जाएँगे।
दुनिया में नाम कमाने के लिए
कभी कोई फूल नहीं खिलता है
हृदयानुभव-राग-अरुण
गुलाबी फूल, प्रकृति के गन्ध-कोष
काश, हम बन सकें!

मुझे पुकारती हुई पुकार

मुझे पुकारती हुई पुकार खो गयी कहीं...
प्रलम्बिता अंगार रेख-सा खिंचा
अपार चर्म
वक्ष प्राण का
पुकार खो गयी कहीं बिखेर अस्थि के समूह
जीवनानुभूति की गम्भीर भूमि में।
अपुष्प-पत्र, वक्र-श्याम झाड़-झंखड़ों-घिरे असंख्य ढूह
भग्न निश्चयों-रुँधे विचार-स्वप्न-भाव के
मुझे दिखे
अपूर्त सत्य की क्षुधित
अपूर्ण यत्न की तृषित
अपूर्त जीवनानुभूति-प्राणमूर्ति की समस्त भग्नता दिखी
(कराह भर उठा प्रसार प्राण का अजब)
समस्त भग्नता दिखी
कि ज्यों विरक्त प्रान्त में
उदास से किसी नगर
सटर-पटर
मलीन, त्यक्त, ज़ंग-लगे कठोर ढेर—
भग्न वस्तु के समूह
चिलचिला रहे प्रचण्ड धूप में उजाड़
दिख गये कठोर स्याह
(घोर धूप में) पहाड़
कठिन-सत्त्व भावना नपुंसका असंज्ञ के
मुझे दिखी विराट् शून्यता अशान्त काँपती
कि इस उजाड़ प्रान्त के प्रसार में रही चमक।
रहा चमक प्रसार...

फाड़ श्याम-मृत्तिका-स्तरावरण उठे सकोण
प्रस्तरी प्रतप्त अग यत्र-तत्र-सर्वतः
कि ज्यों ढँकी वसुन्धरा-शरीर की समस्त अस्थियाँ खुलीं
रहीं चमक कि चिलचिला रही वहाँ
अचेत सूर्य की सफ़ेद औ' उजाड़ धूप में।
समीर-हीन खैबरी
अशान्त घाटियों गयी असंग राह
शुष्क पार्वतीय भूमि के उतार औ' उठान की निरर्थ
उच्चता निहारती चली वितृष्ण दृष्टि से
(कि व्यर्थ उच्चता बधिर असंज्ञ यह)
उजाड़ विश्व की कि प्राण की
इसी उदास भूमि में अचक जगा
मुझे पुकारती हुई पुकार खो गयी कहीं।

× × ×

दरार पड़ गयी तुरत गभीर-दीर्घ
प्राण की गहन धरा प्राप्त के
अनीर श्याम मृत्तिका शरीर ये
कि भाव स्वप्न भार में
पुकार के अधीर व्यग्र स्पर्श से बिलख उठे
तिमिर-विवर में पड़ी अशान्त नागिनी—
छिपी हुई तृषा
अपूर्त स्वप्न-लालसा
तुरत दिखी
कि भूल-चूक ध्वंसिनी अनावृता हुई।
पुकार ने समस्त खोल दी छिपी प्रवंचना
कहा कि शुष्क है अथाह यह कुआँ
कि अन्धकार-अन्तराल में लगे
महीन श्याम जाल
घृण्य कीट जो कि जोड़ते दिवाल को दिवाल से
व अन्तराल का तला
अमानवी कठोर ईंट-पत्थरों भरा हुआ
न नीर है, न पीर है, मलीन है

सदा विशून्य शुष्क ही कुआँ रहा।
विराट् झूठ के अनन्त छन्द-सी
भयावनी अशान्त पीत धुन्ध-सी
सदा अगेय
गोपनीय द्वन्द्व-सी असंग जो अपूर्त-स्वप्न-लालसा
प्रवेग में उड़े सुतीक्ष्ण बाण पर
अलक्ष्य भार-सी वृथा
जगा रही विरूप चित्र हार का
सधे हुए निजत्व की अभद्र रौद्र हार-सी।
मैं उदास हाथ में
हार की प्रतप्त रेत मल रहा
निहारता हुआ प्रचण्ड उष्ण गोल दूर के क्षितिज

शून्य कक्ष की उदास
श्वान-हीन, पीत-वायु शान्ति में
दिवाल पर
सचेष्ट छिपकली
अजान शब्द-शब्द ज्यों करे
कि यों अपार भाव-स्वप्न-भार ये
प्रशान्ति गाढ़ में
प्रशान्ति गाढ़ से
प्रगाढ़ हो
समस्त प्राण की कथा बखानते
अधीर यन्त्र वेग से अजीब एक-रूप-तान
शब्द, शब्द, शब्द में।

मुझे पुकारती हुई पुकार खो गयी कहीं...
आज भी नवीन प्रेरणा यहाँ न मर सकी,
न जी सकी, परन्तु वह न डर सकी।
घनान्धकार के कठोर वक्ष
दंश-चिह्न से
गभीर लाल बिम्ब प्राण-ज्योति के
गभीर लाल इन्दु से

सगर्व भीम शान्ति में उठे अयास मुसकरा
घनान्धकार की भिदी परम्परा।
सफ़ेद राख के अचेत शीत
सर्व ओर रेंगते प्रसार में
दबी हुई अनन्त ज्योति जग उठी
मलीन मृत्यु-गीत के उदास छन्द बावरे
घनान्धकार के भुजंग-बन्ध दीर्घ साँवरे
विनष्ट हो गये
प्रबुद्ध ज्वाल में हताश हो
विशाल भव्य वक्ष से
बही अनन्त स्नेह की महान् कृतिमयी व्यथा
बही अशान्त प्राण से महान् मानवी कथा।
किसी उजाड़ प्रान्त के
विशाल रिक्त-गर्भ गुम्बजों घिरे
विहंग जो
अधीर पंख फड़फड़ा दिवाल पर
सहाय-हीन, बद्ध-देह, बद्ध-प्राण
हारकर न हारते
अरे नवीन मार्ग पा खुला हुआ
तुरत उड़ गये सुनील व्योम में अधीर हो।
मुझे पुकारती हुई पुकार खो गयी वहीं
सँवारती हुई मुझे
उठी सहास प्रेरणा।
प्रभात भैरवी जगी अभी-अभी।

मुझे क़दम-क़दम पर

मुझे क़दम-क़दम पर
चौराहे मिलते हैं
बाँहें फैलाएँ!!

एक पैर रखता हूँ
कि सौ राहें फूटतीं,
व मैं उन सब पर से गुज़रना चाहता हूँ;
बहुत अच्छे लगते हैं
उनके तजुर्बे और अपने सपने...
सब सच्चे लगते हैं;
अजीब-सी अकुलाहट दिल में उभरती है,
मैं कुछ गहरे में उतरना चाहता हूँ,
जाने क्या मिल जाए!!

मुझे भ्रम होता है कि प्रत्येक पत्थर में
चमकता हीरा है,
हर-एक छाती में आत्मा अधीरा है,
प्रत्येक सुस्मित में विमल सदा नीरा है,
मुझे भ्रम होता है कि प्रत्येक वाणी में
महाकाव्य-पीड़ा है,
पल-भर मैं सबमें से गुज़रना चाहता हूँ,
प्रत्येक उर में से तिर आना चाहता हूँ,
इस तरह ख़ुद ही को दिये-दिये फिरता हूँ,
अजीब है ज़िन्दगी!!
बेवक़ूफ़ बनने के ख़ातिर ही
सब तरफ़ अपने को लिये-लिये फिरता हूँ;
और यह देख-देख बड़ा मज़ा आता है

कि मैं ठगा जाता हूँ...
हृदय में मेरे ही,
प्रसन्न-चित्त एक मूर्ख बैठा है
हँस-हँसकर अश्रुपूर्ण, मत्त हुआ जाता है,
कि जगत्...स्वायत्त हुआ जाता है।

कहानियाँ लेकर और
मुझको कुछ देकर ये चौराहे फैलते
जहाँ ज़रा खड़े होकर
बातें कुछ करता हूँ...
...उपन्यास मिल जाते।

दुःख की कथाएँ, तरह-तरह की शिकायतें,
अहंकार-विश्लेषण, चारित्रिक आख्यान,
ज़माने के जानदार सूरे व आयतें
सुनने को मिलती हैं।

कविताएँ मुसकरा लाग-डाँट करती हैं,
प्यार बात करती हैं।
मरने और जीने की जलती हुई सीढ़ियाँ
श्रद्धाएँ चढ़ती हैं!!

घबराये प्रतीक और मुसकाते रूप-चित्र
लेकर मैं घर पर जब लौटता...
उपमाएँ, द्वार पर आते ही कहती हैं कि
सौ बरस और तुम्हें
जीना ही चाहिए।

घर पर भी, पग-पग पर चौराहे मिलते हैं,
बाँहें फैलाये रोज़ मिलती हैं सौ राहें,
शाखा-प्रशाखाएँ निकलती रहती हैं
नव-नवीन रूप-दृश्यवाले सौ-सौ विषय
रोज़-रोज़ मिलते हैं...

और, मैं सोच रहा कि
जीवन में आज के
लेखक की कठिनाई यह नहीं कि
कमी है विषयों की
वरन् यह कि आधिक्य उनका ही
उसको सताता है,
और, वह ठीक चुनाव कर नहीं पाता है!!

मुझे याद आते हैं

आँखों के सामने, दूर...
ढँका हुआ कुहरे से
कुहरे में से झाँकता-सा दीखता पहाड़...
स्याह!

अपने मस्तिष्क के पीछे अकेले में
गहरे अकेले में
ज़िन्दगी के गन्दे न-कह-सके-जानेवाले अनुभवों के ढेर का
भयंकर विशालाकार प्रतिरूप!!
स्याह!

देखकर चिहुँकने हैं प्राण,
डर जाते हैं।
(प्रतिदिन के वास्तविक जीवन की चट्टानों से
जूझकर पर्यवसित प्राणों का हुलास है)
मात्र अस्तित्व ही की रक्षा में व्यतीत हुए दिन की
कि फलहीन दिवस की निरर्थता की ठसक को देखकर
श्रद्धा भी भर्त्सना की मार सह लेती है,
झुकाती है लज्जा से देवोपम ग्रीव निज,
ग्लानि से निष्ठा का जी धँस जाता है
दुनिया की बदरंग भूरेपन की झाँकी में से झाँककर
भैंगी वे कानी-सी आँखें दो
(किसी जीवित मृत्यु की)
आशीर्वाद देती हैं...
क्रमशः मृत्यु का।

सुबह से तो शाम तक...
काम की तलाश में इस गुज़रे हुए दिन की

निरर्थता की आग में
जलता-धुआँता हुआ
ज़िन्दगी की दुनिया को कोसता
मैं रास्ते पर चलता हूँ कि
भयंकर दुःस्वप्न-सा, सामने–
आँखों के सामने वह
ढँका हुआ कुहरे से...
दीखता पहाड़
स्याह–!

आज के अभाव के व कल के उपवास के
व परसों की मृत्यु के...
दैन्य के, महा-अपमान के, व क्षोभपूर्ण
भयंकर चिन्ता के उस पागल यथार्थ का
दीखता पहाड़–
स्याह!

अपने मस्तिष्क के पीछे अकेले में
गहरे अकेले में
न-कह-सके-जानेवाले अनुभवों के ढेर का
भयंकर विशालाकार प्रतिरूप
दीखता पहाड़...
स्याह!

दूसरी ओर...
क्षुद्रतम सफलता की आड़ से
(नहीं है जो) निज की सुयोग्यता का लाड़ करता हुआ
पानी हुई चमक से चमककर
चाँद का अधूरा मुँह
व्यंग्य मुसकराता है
फैलाता अपार वह व्यंग्य की विषैली चाँदनी,
कुहरे से ढँके घोर दर्द-भरे यथार्थ के देह पर
–पहाड़ के देह पर

ज़िन्दगी के भयंकर स्वप्नों के मेह
रहते तैरते, मसानी आसमान में।

रास्ते पर चलता हूँ कि पैरों के नीचे से
खिसकता है रास्ता—यह कौन कह सकता है।
दीखते हैं सटे हुए बड़े-बड़े अक्षरों में
मुसकराते विज्ञापन
सिनेमा के, दुकानों के, रोगों के प्रभीमतर
चमकते हुए, शानदार।
चलता हूँ कि देखता हूँ नगर का मुसकराता व्यक्तित्व महाकार,
दमकती रौनक़ का उल्लास,
चहचहाती सड़कों की साड़ियाँ।
लगता है—
कि समस्त स्वर्गीय चमचमाते आभालोकवाले
इस नगर का निजत्व जादुई
कि रंगीन मायाओं का प्रदीप्त पुंज यह
नगर है अयथार्थ
मानवी आशा औ' निराशा के परे की चीज़
रूप में अरूप
अथवा आकार में निराकार
समूहीकृत गुणों में है निर्गुण
अपौरुषेय, झूठ,
भयंकर दुःस्वप्न का विश्व रूप,
कर्म के फल पर नहीं—कर्म पर ही अधिकार
सिखानेवाले वचन का आडम्बर
पावडर में सफ़ेद अथवा गुलाबी
छिपे बड़े-बड़े चेचक के दाग़ मुझे दीखते हैं
सभ्यता के चेहरे पर।
संस्कृति के सुवासित आधुनिकतम वस्त्रों के
अन्दर का वासी वह
नग्न अति बर्बर देह
सूखा हुआ रोगीला पंजर मुझे दीखता है

एक्स-रे की फ़ोटो में रोग-जीर्ण
रहस्यमयी अस्थियों के चित्र-सा विचित्र और
भयानक।
(सपनों के तार पर टूटते ही नहीं हैं;)
शोषण की सभ्यता के नियमों के अनुसार
बनी हुई संस्कृति के तिलिस्मी
सियाह चक्रव्यूहों में
फँसे हुए प्राण सब मुझे याद आते हैं;
मर्माहत कातर पुकार सुन पड़ती है
मेरी ही पुकार जैसी चिन्तातुर समुद्विग्न।
अँधेरे में चुपचाप
अन्तर से बहनेवाले ढुलते हुए रक्त की
(अनदेखे अनजाने जनों के)
मुझे याद आती है;
आँखों में तैरता है चित्र एक
उर में सँभाले दर्द
गर्भवती नारी का
कि जो पानी भरती है वज़नदार घड़ों से,
कपड़ों को धोती है भाड़-भाड़,
घर के काम बाहर के काम सब करती है,
अपनी सारी थकान के बावजूद।
मज़दूरी करती है
घर की गिरस्ती के लिए ही
पुत्रों के भविष्य के लिए सब।
उसके पीले अवसाद-भरे कृश मुख पर
जाने किस (धोखे-भरी?) आशा की दृढ़ता है।
करती वह इतना काम
क्यों किस आशा पर?
प्रश्न पूछता हूँ मैं;
आँखों के कोनों पर उत्तर के प्रारम्भिक
कड़ुए-से आँसू ये मिठास छू ही लेते हैं।
मिथ्या का प्रबलतम

रहस्योद्‌घाटन द्रुत
श्रद्धा का आँचल थाम लेता है
दर्द-भरी याचनाएँ आँखों में दरसाकर।
यदि उस श्रमशील नारी की आत्मा
सब अभावों को सहकर
कष्टों को लात मार, निराशाएँ ठुकराकर
किसी ध्रुव-लक्ष्य पर
खिंचती-सी जाती है,
जीवित रह सकता हूँ मैं भी तो वैसे ही!
जीवन के क्षुब्ध अन्तःकरण में युग-सत्य का
जो आते भयानक
वेदनार्थ भार है
उसके ही लिए तो यह—
कष्टजीवी प्राणों की अपार श्रमशीलता।
विशाल श्रमलता की जीवन्त
मूर्तियों के चेहरों पर
झुलसी हुई आत्मा की अनगिन लकीरें
मुझे जकड़ लेती हैं अपने में, अपना-सा जानकर
बहुत पुरानी किसी निजी पहचान से।
माता-पिता के संग बीते हुए
भयानक चिन्ताओं के लम्बे-लम्बे काल-खण्ड
में से उठ-उठकर
करुणा में मिली हुई गीली हुई गूँज कुछ
मुझे दिला देती हैं नयी ही बिरादरी,
हिये की धरित्री की
बड़ी अजीब (आँसुओं-सी नमकीन)
वह मिट्टी की सुगन्ध मेरे हिये में समाती है,
दिल भर उठता है
ओस-गीली झुलसी हुई चमेली की आहों से।

दूर-दूर मुफ़लिसी के टूटे-फूटे घरों में
सुनहले चिराग़ बल उठते हैं;

आधी-अँधेरी शाम
ललाई में निलाई से नहाकर
पूरी झुक जाती है
थूहर के झुरमुटों से लसी हुई मेरी इस राह पर!
धुँधलके में खोये इस
रास्ते पर आते-जाते दीखते हैं
लठ-धारी बूढ़े-से पटेल बाबा
ऊँचे-से किसान दादा
वे दाढ़ी-धारी देहाती मुसलमान चाचा और
बोझा उठाये हुए
माएँ, बहनें, बेटियाँ...
सबको ही सलाम करने की इच्छा होती है,
सबको राम-राम करने को चाहता है जी
आँसुओं से तर होकर प्यार के...
(सबका प्यारा पुत्र बन)
सभी ही का गीला-गीला मीठा-मीठा आशीर्वाद
पाने के लिए होती अकुलाहट।
किन्तु अनपेक्षित आँसुओं की नवधारा से
कण्ठ में दर्द होने लगता है।

कुल पलों बाद—
हिये में प्रकाश-सा होता है...
खुलती हैं दिशाएँ उजला आँचल पसारे हुए
रास्ते पर रात होते हुए भी मन में प्रात।
नहा-सा मैं उठता भव्य किसी नव-स्फूर्ति से
असह्य-सा स्वयं-बोध विश्व-चेतना-सा कुछ
नवशक्ति देता है।

निज उत्तरदायित्व की विशेष सविशेषता
रास्ते पर चलते हुए गहरी गति देती है।
नगर का अमूर्त-सा तिलिस्मी आभालोक
शोषण की सभ्यता का राक्षसी दुर्ग-रूप

यथार्थ की भित्ति पर
समुद्घाटित करता है।
किन्तु उसके सम्मुख न निस्सहाय—
—निरवलम्ब पहले-जैसा अनुभव मैं करता हूँ,
नहीं कर पाता हूँ।
मौलिक जल-धारा मेरे वक्ष का शैल-गर्भ
धोती ही रहती है
रास्ता ख़त्म होता है कि संघर्षों के अंगारे
लाल-लाल सितारों से
बुलाते मुझे पास निज
कभी मांस-पेशियों के लौह-कर्म-रत
मजूर लोहार के अथाह-बल
प्रकाण्ड हथौड़े की
दीख पड़ती है चोट
निहाई से उठती हुई लाल-लाल
अंगारी तारिकाएँ बरसती हैं जिसके उजाले में कि
एक अति-भव्य देह,
प्रचण्ड पुरुष श्याम
मुझे दीख पड़ता है
क्षेम में, शक्ति में मुसकराता खड़ा-सा!
...लगता है मुझे वह—
काल-मूर्ति,
क्रान्ति-शक्ति, जन युग!!

घर आ ही जाता है कि द्वार खटखटाता
अन्तर से 'आयी' की ध्वनि सुन पड़ती है
अपना उर-द्वार खटखटाता हुआ
निश्चय-सा, संकल्प-सा करता हूँ!

मुझे मालूम नहीं

मुझे नहीं मालूम
सही हूँ या ग़लत हूँ या और कुछ,
सत्य हूँ कि मात्र मैं निवेदन-सौन्दर्य!

धरित्री व नक्षत्र
तारागण
रखते हैं निज-निज व्यक्तित्व
रखते हैं चुम्बकीय शक्ति, पर
स्वयं के अनुसार
गुरुत्व-आकर्षण-शक्ति का उपयोग
करने में असमर्थ।
यह नहीं होता है उनसे कि ज़रा घूम-घाम
आएँ
नभस् अपार में
यन्त्र-बद्ध गतियों का ग्रह-पथ त्यागकर
ब्रह्माण्ड अखिल की सरहदें माप लें।
अरे, ये ज्योति-पिण्ड
हृदय में महाशक्ति रखने के बावजूद
अन्धे हैं नेत्र-हीन
असंग घूमते हैं अहेतुक
असीम नभस् में
चट्टानी ढेर है गतिमान् अनथक,
अपने न बस में।
वैसा मैं बुद्धिमान्
अविरत
यन्त्र-बद्ध कारणों से सत्य हूँ।
मेरी नहीं कोई कहीं कोशिशें,

न कोई निज-तड़ित्-शक्ति-वेदना।
कोई किसी अदृश्य अन्य द्वारा नियोजित
गतियों का गणित हूँ।
प्रवृत्ति-सत्य से सच मैं
ग़लतियाँ करने से डरता,
मैं भटक जाने से भयभीत।
यन्त्र-बद्ध गतियों का ग्रह-पथ त्यागने में
असमर्थ
अयास, अबोध निरा सच मैं।
कोई फिर कहता कि देख लो—
देह में तुम्हारे
परमाणु-केन्द्रों के आस-पास
अपने गोल पथ पर
घूमते हैं अंगारे,
घूमते हैं 'इलेक्ट्रॉन'
निज रश्मि-रथ पर।
बहुत खुश होता हूँ निज से कि
यद्यपि साँचे में ढली हुई मूर्ति में मज़बूत
फिर भी हूँ देवदूत
'इलेक्ट्रॉन'—रश्मियों में बँधे हुए अणुओं का
पुंजीभूत
एक महाभूत मैं।
ऋण-एक राशि का वर्गमूल
साक्षात्
ऋण-धन तड़ित् की चिनगियों का आत्मजात
प्रकाश हूँ निज-शूल।

गणित के नियमों की सरहदें लाँघना
स्वयं के प्रति नित जागना—
भयानक अनुभव
फिर भी मैं करता हूँ कोशिश।
एक-धन-एक से

पुनः एक बनाने का यत्न है अविरत।
आती है पूर्व से एक नदी,
पश्चिम से सरित अन्य,
संगमित बनती है एक महानदी फिर।
सृष्टि न गणित के नियमों को मानती है
अनिवार्य।
मेरे ये सहचर
धरित्री, ग्रह-पिण्ड,
रखते हैं गुरुत्व-आकर्षण-शक्ति, पर
यन्त्र-बद्ध गतियों को त्यागकर
ज़रा घूम-घाम आते, जरा भटक जाते तो—
कुछ न सही, कुछ न सही
ग़लतियों के नक्शे तो बनते,
बन जाता भूलों का ग्राफ़ ही,
विदित तो होता कि
कहाँ-कहाँ कैसे-कैसे ख़तरे,
अपाहिज पूर्णताएँ टूटतीं!
किन्तु, हमारे यहाँ
सिन्धुयात्रा वर्जित
अगम अथाह की।
हमें तो डर है कि।
ख़तरा उठाया तो
मानसिक यन्त्र-सी बनी हुई आत्मा,
आदतन बने हुए अऋतन भाव-चित्र,
विचार-चरित्र ही,
टूट-फूट जाएँगे
फ्रेमें सब टूटेंगी व टण्टा होगा निज से।
इसीलिए, सत्य हमारे हैं सतही
पहले से बनी हुई राहों पर घूमते हैं
यन्त्र-बद्ध गति से।
पर उनका सहीपन
बहुत बड़ा व्यंग्य है

और सत्यों की चुम्बकीय शक्ति
वह मैगनेट......
हाँ, वह अनंग है
अपने में कामातुर,
अंग से किन्तु हीन!!
....

पुनश्च—
बात अभी कहाँ पूरी हुई है,
आत्मा की एकता में दुई है।
इसीलिए
स्वयं के अधूरे ये शब्द और
टूटी हुई लाइनें, न उभरे हुए चित्र
टटोलता हूँ उनमें कि
कोई उलझा-अटका हुआ सत्य कहीं मिल जाए,
वह बात कौन-सी!!
उलझन में पड़ा हूँ,
अपनी ही धड़कनें गिनता हूँ जितनी कि
उतने ही उगते हैं
उगते ही जाते हैं सितारे
दूर आसमान में चमकने लगते हैं सचमुच!
और, वे करते हैं इशारे!!
मैं उनके नियमों को ख़ोजता,
नियमों के ढूँढ़ता हूँ अपवाद,
परन्तु, अकस्मात्
उपलब्ध होते हैं नियम अपवाद के।
सरीसृप-रेखाओं से तिर्यक् रेखा काटकर
लिखा हुआ बार बार
कटी-पिटी रेखाओं का मनोहर सौन्दर्य
देखता ही रहता
कटे-पिटे में से ही झलकते हैं अकस्मात्
साँझ के झुटमुटे, रंगीन सुबहों के धुँधलके।

उनमें से धीरे-धीरे स्वर्णिम रेखाएँ उभरतीं,
विकसित होते हैं मनोहर द्युति-रूप।
चमकने लगते हैं उद्यान रंगीन
आदिम मौलिक!
गन्ध के सुकोमल मेघों में डूबकर
प्रत्येक वृक्ष से करता हूँ पहचान,
प्रत्येक पुष्प से पूछता हूँ हाल-चाल,
प्रत्येक लता से करता हूँ सम्पर्क!!
और उनकी महक-भरी
पवित्र छाया में गहरी
विलुप्त होता हूँ मैं, पर
सुनहली ज्वाल-सा
जागता है ज्ञान और
जगमगाती रहती है लालसा।
मैं कहीं नहीं हूँ।

मेरे लोग

अ

ज़िन्दगी की कोख में जनमा
नया इस्पात
दिल के ख़ून में रँगकर।

आ

तुम्हारे शब्द मेरे शब्द
मानव-देह धारण कर
असंख्यक स्त्री-पुरुष-बालक
बने, जग में, भटकते हैं,
कहीं जनमे
नये इस्पात को पाने।
झुलसते जा रहे हैं आग में
या मुँद रहे हैं धूल-धक्कड़ में,
किसी की खोज है उनको,
किसी नेतृत्व की।
पीली घुमैली पसलियों के पंजरोंवाली
उदासी से पुती गायें।
भयानक तड़फड़ाती ठठरियों की
आत्मवश स्थितप्रज्ञ कविताएँ
उपेक्षित काल-पीड़ित सत्य के समुदाय
या गो-यूथ
लेकर वे
घुसे ही जा रहे हैं
ब्राशिए के बस्टवाली उन दूकानों के पास
कॉफ़े की निकटवर्ती सड़क पर,
चमचमाती ख़ूबसूरत शान की नायलॉन भब्भड़ में।

दुतरफ़ा पेड़वाली रम्य किंग्ज़वे में
कि एलगिन रोड नुक्कड़ पर
खरोंचे मारते-सी घिस रहे-सी
सौ खुरों की खरखराती शब्द-गति
सुनकर
खड़े ही रह गये हैं लोग।
उनमें सैकड़ों विस्मित,
कई निस्तब्ध।
कुछ भयभीत, जाने क्यों
समूचे दृश्य से मुँह मोड़ यह कहते—
'हटाओ ध्यान, हमसे वास्ता क्या है?
कि वे दुःस्वप्न-आकृतियाँ
असद् हैं, घोर मिथ्या हैं!!'
दलिद्दर के शनिश्चर का
भयानक प्रॉपगैण्डा है!!
खुरों के खरखराते खुरचते पद-शब्द-स्वर-समुदाय
सुनकर,
दौड़कर उन होटलों पर,
द्वार-देहली, गैलरी पर,
खिड़कियों में या छतों पर
जो इकट्ठा हैं
गिरस्तिन मौन माँ-बहनें
सड़क पर देखती हैं
भाव-मन्थर, काल-पीड़ित ठठरियों की श्याम गो-यात्रा
उदासी से रँगे गम्भीर मुरझाये हुए प्यारे
गऊ-चेहरे
निरखकर,
पिघल उठता मन!!
रुलाई गुप्त कमरे में हृदय के उभड़ती-सी है।
नहीं आये समझ में सत्य जो शिक्षित
सुसंस्कृत बुद्धिमानों दृष्टिमानों के
उन्हें वे हैं कि मन ही मन

सहज पहचान लेतीं!!
मग्न होकर ध्यान करती हैं कि
अपने बालकों को छातियों से और चिपकातीं।
भोले भाव की करुणा बहुत ही क्रान्तिकारी सिद्ध होती है।

उपेक्षित काल-पीड़ित सत्य के समुदाय
लेकर साथ
मेरे लोग
असंख्य स्त्री-पुरुष-बालक भटकते हैं
किसी की खोज है उनको।
अटकना चाहते हैं द्वार-देहली पर किसी के किन्तु
मीलों दूरियों के डैश खिंचते हैं
अँधेरी खाइयों के मुँह बगासी ज़ोर से लेकर
यूँ ही बस देख
अनपहचानती आँखों—
खुले रहते।
गन्दी बस्तियों के पास नाले पार
बरगद है
उसी के श्याम तल में वे
रँभाती कई गायें।
कि पत्थर-ईंट के चूल्हे सुलगते हैं।
फुदकते हैं वहीं दो-चार
बिखरे बालवाले बालकों के श्याम गन्दे तन
व लोहे की बनी स्त्री-पुरुष आकृतियाँ
दलिद्दर के भयानक देवता के भव्य चेहरे वे
चमकते धूप में!!
मुझको है भयानक ग्लानि
    निज के श्वेत वस्त्रों पर
स्वयं की शील-शिक्षा सत्य-दीक्षा के
        विरोधी अस्त्र-शस्त्रों पर
कि नगरों के सुसंस्कृत सौम्य चेहरों से
उचटता मन

उतारूँ आवरण—
    यह साफ़ गहरा दूधिया क़ुरता
    व चूने की सफ़ेदी में चिलकते-से सभी कपड़े निकालूँगा।
किसी ने दूर से मुझको पुकारा है।
गन्दी बस्तियों के पास, नाले पार
घुमटी एक,
जिसके तंग कमरे में
ज़रा-सा पुस्तकालय वाचनालय है।
पहुँचता हूँ। अचानक ग्रन्थ
कोई खोलता ही हूँ कि
पृष्ठों के हृदय में से
उभरते काँपते हैं वायलिन के स्वर
सहज गुंजारती झनकार
गहरे स्नेह-सी।
मीठी सघन विस्तृत भटकती गूँज
जिसकी सान्द्र ध्वनि में से
सुकोमल रश्मियों के पुंज!!
तेजोद्भास
मन खुलता, स्वयं की ग्रन्थियाँ खुलतीं!!

कि इतने में फटी-सी अन्य पुस्तक
खोलता-सा हूँ कि
पृष्ठों के जिगर में से
भयानक डाँट
कोई भव्य विश्वात्मक तड़ित् आघात
सहसा बोध होता है
उभरता क्रोध निःस्वात्मक
सहज तनकर गरजता
ज़िन्दा की कोख में जनमा
नया इस्पात
जिसके ख़ून में रँगकर!!
तुम्हारे स्वर कहाँ हैं,
        ओ!!

मेरे सहचर मित्र

मेरे सहचर मित्र
ज़िन्दगी के फूटे घुटनों से बहती
रक्तधार का ज़िक्र न कर,
क्यों चढ़ा स्वयं के कन्धों पर
यों खड़ा किया
नभ को छूने, मुझको तुमने।
अपने से दुगुना बड़ा किया
मुझको क्योंकर?
गम्भीर तुम्हारे वक्षस्थल में
अनुभव-हिम-कन्या
गंगा-यमुना के जल की
पावन शक्तिमान् लहरें पी लेने दो।
ओ मित्र, तुम्हारे वक्षस्थल के भीतर के
अन्तस्तल का पूरा विप्लव जी लेने दो।
उस विप्लव के निष्कर्षों के
धागों से अब
अपनी विदीर्ण जीवन-चादर सी लेने दो।

इस विप्लव की चल तडिल्लता की
शय्या पर
लोटती हुई बेचैनी को मेरी आँखें
हैं देख रहीं...
प्रश्नों की दानव-काँखों में
ये दबे-घुटे क़ैदी उत्तर
पर, ज्यों-ज्यों उत्तर के मुख पर
उद्विग्न दृष्टि की किरणें केन्द्रित करता हूँ
ये लाल-लाल आँखों से मेरा

पीला मुँह निहार कहते—
"हमको यों ग़लत न दो उपमा,
तुम अपनी सड़ी-गली महिमाओं की
निर्माल्य मालिकाएँ
हमको मत पहनाओ।
तुम, देखो तो उस ओर...।"
और, मैं आँखें फाड़े देख रहा...

उन नीले-नीले आसमान की सरहद पर
परिचिता एक कोमल चिड़िया,
जो नित्य तुम्हारे घर-आँगन
रोशनदानों में उड़ती थी
घर की आत्मा,
वह दूर क्षितिज पर ठहरी-सी
काली बिंदिया
उस नीले-नीले आसमान की सरहद पर
वन-पक्षिराज बन
पंख पसारे उड़ती हुई मुझे कहती,
वह पक्षिराज मुझसे कहता—
"ओ मित्र, तुम्हारे घर-आँगन को
शैलांचल-गिरिराज-शिखर
तो होने दो
वह आसमान तो झुकने दो
उसके मुख पर
इस समय बात के पूरे नहीं अधूरे तुम,
कमज़ोर-प्रखर होना बाक़ी,
अब बूटों-दबा दीन ढेला
कैलाश-शिखर होना बाक़ी,
कैलाश-शिखर पर बैठेंगे!!"

मैं ज्यों-ज्यों उत्तर के मुख पर
उद्विग्न दृष्टि की किरणें केन्द्रित करता हूँ

मानव समाज-रूपान्तर विधि
की धाराओं में मग्न
मानवी-प्राणों के
मर्मों की व्यथा-कथा...अंगार तपस्या पर
मानव-स्वभाव के प्रश्नों पर,
मानव-सभ्यता-समस्या पर,

उस गुहा-भीत से कान लगा मैं सुनता हूँ
जो बहस कि उससे ज्ञान हुआ—
यह ज्ञान कि तुमने कन्धों पर
सहसा मुझको
क्यों खड़ा किया नभ को छूने
अपने से दुगुना बड़ा किया
जिससे पैरों की उँगली पर
तनकर ऊँची गर्दन कर दोनों हाथों से
मैं स्याह-चन्द्र का फ़्यूज़ बल्ब
जल्दी निकाल
पावन-प्रकाश का प्राण-बल्ब
वह लगा सकूँ
जो बल्ब तुम्हीं ने श्रमपूर्वक तैयार किया
विक्षुब्ध ज़िन्दगी की अपनी
वैज्ञानिक प्रयोगशाला में।
उस शाला का मैं एक अल्प-मति
विद्यार्थी,
जड़ लेखक हूँ मैं अननुभवी,
आयु में यद्यपि मैं प्रौढ़
बुद्धि से बालक हूँ
मैं एकलव्य जिसने निरखा—
ज्ञान के बन्द दरवाज़े की दरार से ही
भीतर का महा मनोमन्थन-शाली मनोज्ञ
प्राणकर्षक प्रकाश देखा।
पथ पर मँडराते विद्यालय के शब्दों से

विद्या के स्वर-कोलाहल में से
छनकर कुछ आये
वाक्यों से प्राप्त किया–
सब ग्रन्थाध्ययन वंचिता मति ने सड़कों पर
ज्ञान के हृदय जागृति स्वप्नों को
प्राप्त किया
बचपन से ही,
आश्चर्य-चकित जिज्ञासु-आत्मा
चढ़ती किरणों की चढ़ान
नभ शिखरों तक
छुटपन से ही।
उस मुक्ति-काम बेचैनी में
मैं उन ग़रीब गलियों में घूमा-झूमा हूँ
जिन गलियों में तुम अक्षयवट
ले शत-सहस्र भावना-विचारों के पल्लव
ओ जटा जटिल
अनुभव-शाखाएँ लिये खड़े।
जाने कितने जन-कष्टों की
पीढ़ियाँ दुःखों की देखी हैं तुमने,
उस अक्षयवट से मैं
चिन्ता में अकुलाता झूमा,
बेचैनी के साँपों को मैंने छाती से
उस अक्षयवट के तने-तने पर रगड़ा है,
वह रगड़ अभी तक बाक़ी है
व्रण रेखाएँ जिसकी इस छाती पर साक्षी।
ओ अक्षयवट, यदि तुम न रहे होते
मेरी इन गलियों
तो अन्धकार के सिन्धु-तले
पानी के काले थर के नीचे कीचड़ में
अज्ञान-ह्वेल की प्रदीर्घ भीषण ठठरी-सा
मैं कहीं पड़ा होता सूने में,
किसी चोर की गठरी-सा,

रह अन्धकार के भूसे-सा
निशि-वृषभ-गले!!

ख़ूँख़ार, सिनिक, संशयवादी
शायद मैं कहीं न हो जाऊँ,
इसलिए, बुद्धि के हाथों पैरों की बेड़ी
ज़ंजीरें खनकाकर तोड़ीं
तुमने निर्दय औज़ारों से,
टूटती बेड़ियों की नोकों
से ज़ख़्म हुआ औ' ख़ून बहा—
यह जान तुरत
अपने अनुभव के गन्धक का
चुपड़ा मरहम मेरे व्रण पर तुमने सहसा।
भीषण स्पर्शों की तेज़ दवा
झनझना गयी तन-मन की ढीली रगें झटक-झटकाकर
तानीं, बना गयी।
जब दीप्त तुम्हारी आँखों में
मेरी ताक़त बढ़ गयी स्वयं,
तुम कर्मवाद के धीर दार्शनिक से लौटे
गम्भीर चरण चुपचाप क़दम।
मैं फिर भी अपने घावों में
उलझा-सा हूँ
जिससे कि तुम्हारे कुशल अनुभवी
प्राणों की
मुझको सहायता मिलती रहे।

यह जान तुम्हारे माथे की
तीनों रेखाएँ उलझ गयीं
नभ में निकाल रेखाएँ विद्युत की चमकीं
मैंने जब नीली चकाचौंध
वह, देखी तो
वे भीषण होकर गरज गयीं
झूठे अवलम्बन की शहनाई मूक हुई

भावुक निर्भरता का सम्बल दो टूक हुआ,
देखा—सहसा मैं बदल गया,
भूरे निःसंग रास्ते पर
मैं अपने को ही सहल गया।

अपने छोटे निज जीवन में
जी ली हैं अनगिन ज़िन्दगियाँ।
ज़िन्दगी हरेक—
ज्वलित चन्दन का ईंधन है।
मेरी धमनी में जलते चन्दन का धुआँ,
छाती के रेशे-रेशे में
उसने घुस-फँसकर की काली
धड़कन मेरी
पर वह काजल है चन्दन का।
वह सँवलाया कलियाया मुँह
है सनेह-भरी चिन्ता में
शाल्मलि वृक्ष तले
उद्विग्न खड़े वनवासी दुर्धर अर्जुन का
जिसके नेत्रों में चमक उठे,
चन्दन के पावन अंगारे,
जो सोच रहा क्यों मानव के
इस तुलसी-वन में आग लगी,
क्यों मारी-मारी फिरती है
मन की यह गहरी सज्जनता,
दुःख के कीड़ों ने खायी क्यों,
ये जूही-पत्तियाँ जीवन की,
निर्माल्य हुए क्यों फूल युवक
युवती जन के
क्यों मानव-सुलभ सहज
आकांक्षाओं के तरु
यों ठूँठ हुए वृन्दावन के,
मानव-आदर्शों के गुम्बद में आज यहाँ

उलटे लटके चिमगादड़ पापी
भावों के।
क्यों स्वार्थ-घृणा-कुत्सा के
थहर जंगल में
हैं भटक गये थे लक्ष्य
पुराने पाँवों के
क्यों घर-आँगन की मौन अकेली
छाया में
चिन्ता के प्रेत
स्याह-बदन
हैं झूल रहे...
आवाज़ कड़ी उस झूले की
धँसते हिय की हिलडोल बनी
लोहे का गाडर
छत की छाती पर धम से आ धमका
किस कारण से?
वह कारण, सामाजिक जंगल का
घुग्घू है,
है घुग्घू का संगठन, रात का तम्बू है!!
यह भीतर की ज़िन्दगी नहाती रहती है
हिय के विक्षोभों के ख़ूनी फ़व्वारों में,
अंगारों में
इस दिल के भरे रिवाल्वर में
बेचैनी ज़ोर मारती है, इसमें क्या शक।
क्यों ताक़तवर उस मशीन के
पिस्टन की-सी दिल की धक्-धक्,
उद्दाम वेग से चला रही
ये लौहचक्र
मन-प्राण-बुद्धि के विक्षोभी
यह स्याह स्टीम-रोलर जीवन का,
सुख-दुख की
कंकर गिट्टी यक-साँ करके,

है एक रास्ता बना रहा युग के मन का
मेरे मन का!!

रास्ते पर इस–
मानव व्यक्तित्व-कदम्बों की शीतल छाया,
विद्रोहों की विधियाँ,
विक्षोभी मन का बल,
छाती में मधुमक्खी का छत्ता फैला है
जो अकुलाया,
औ' दंश-तत्परा मधुमक्खी के दल-दल।
रस-मर्मज्ञाओं की सेना स्नेहान्वेषी,
पर डंक सतत तैयार,
बुद्धि का नित सम्बल।
मधुमक्खी दल ने ज़िन्दगियों के फूलों से
रस-बिन्दु-मधुर एकत्रित कर संचित रखने
मेरे प्राणों में
अग्नि-परीक्षाओं-से गहरे छेद किये
छाती मधुपूरित अनगिन छेदों का जाला
आत्मा में मधुमक्खी का है छत्ता फैला!!
मानव व्यक्तित्व-कदम्ब-तले,
मधुमक्खी छत्ते के जाले,
तुमसे सीखा कैसे ये पाले जाते हैं,
मेरे दिन, मेरी रातों में
ओ सहचर मित्र, तुम्हारे दिन हैं,
रातें हैं।
मेरे भीतर
मानव व्यक्तित्व-कदम्ब-तले,
तरु के गम्भीर तने पर चाक़ू से लिक्खीं
काटीं, खोदीं,
वाक्यावलियाँ ज़िन्दगियों ने
ज़िन्दगी हरेक...निजत्व लिये पलकें
खोले,

अपना-अपना व्यक्तित्व लिये
अलकें खोले
अ़न्तर के तरु की शाखा-शाखा पर
प्रतिपल
चाक़ू से काट-काट, चित्रित करती है
गहरा संवेदन।
मानव व्यक्तित्व-कदम्ब-तले,
(गम्भीर रात्रि में) आ करके,
चुपचाप सिमिट,
अकुलाहट की चाँदनी
सरल निर्व्याज मुखी
तरु-तने खुदीं वाक्यावलियाँ
पढ़ती है बहुत ध्यान से, तब
पढ़ते-पढ़ते अक्षर-दल से,
उमड़ी चन्दन की ज्वालाएँ,
पावनता की विक्षुब्ध
रश्मियाँ भभक उठीं,

ये खोदे गये मर्म-सारांश भभकते हैं
बस इसी तरह
अर्थों की गहरी ज्वालाएँ दिन-रात
निकलतीं इसी तरह
माधुरी और करुणा में भीगी रहकर भी
जी के भीतर की शिलालेख चट्टान,
गर्म रहती ही है।
संघर्ष-मार्ग-इतिहास-मर्म कहती ही है
ओ मेरे सहचर मित्र,
क्षितिज के मस्तक पर नाचती हुई
दो तडिल्लताओं में मैत्री रहती ही है।

मैं तुम लोगों से दूर हूँ

मैं तुम लोगों से इतना दूर हूँ
तुम्हारी प्रेरणाओं से मेरी प्रेरणा इतनी भिन्न है
कि जो तुम्हारे लिए विष है, मेरे लिए अन्न है।

मेरी असंग स्थिति में चलता-फिरता साथ है,
अकेले में साहचर्य का हाथ है,
उनका जो तुम्हारे द्वारा गर्हित हैं
किन्तु वे मेरी व्याकुल आत्मा में बिम्बित हैं, पुरस्कृत हैं
इसीलिए, तुम्हारा मुझ पर सतत आघात है!!
सबके सामने और अकेले में।
(मेरे रक्त-भरे महाकाव्यों के पन्ने उड़ते हैं
तुम्हारे-हमारे इस सारे झमेले में)

असफलता का धूल-कचरा ओढ़े हूँ
इसलिए कि वह चक्करदार ज़ीनों पर मिलती है
छल-छद्म धन की
किन्तु मैं सीधी-सादी पटरी-पटरी दौड़ा हूँ
जीवन की।
फिर भी, मैं अपनी सार्थकता में खिन्न हूँ
विष से अप्रसन्न हूँ
इसलिए कि जो है उससे बेहतर चाहिए
पूरी दुनिया साफ़ करने के लिए मेहतर चाहिए
वह मेहतर मैं हो नहीं पाता
पर, रोज़ कोई भीतर चिल्लाता है
कि कोई काम बुरा नहीं
बशर्ते कि आदमी खरा हो
फिर भी मैं उस ओर अपने को ढो नहीं पाता।

रिफ्रिज़रेटरों, विटैमिनों, रेडियोग्रैमों के बाहर की
गतियों की दुनिया में
मेरी वह भूखी बच्ची मुनिया है शून्यों में
पेटों की आँतों में न्यूनों की पीड़ा है
छाती के कोषों में रहितों की व्रीड़ा है

शून्यों से घिरी हुई पीड़ा ही सत्य है
शेष सब अवास्तव अयथार्थ मिथ्या है भ्रम है
सत्य केवल एक है जो कि
दुःखों का क्रम है।

मैं कनफटा हूँ हेठा हूँ
शेव्रलेट-डॉज़ के नीचे मैं लेटा हूँ
तेलिया-लिबास में, पुरज़े सुधारता हूँ
तुम्हारी आज्ञाएँ ढोता हूँ।

कल जो हमने चर्चा की थी

कल जो हमने चर्चा की थी,
हिय की ऊष्मा के उफ़ान से निकल रहे थे।
सही-सही बातों के उत्तर
हम ज्वालामुखियों के मुँह में उतर रहे थे।
जीवन की सच्चाई के स्तर,
सही बात के चौड़े पत्थर,
तीव्र वेदना में कैसे गड़गड़ा रहे थे,
इन ज्वालामुखियों के भीतर!!

धरती के अन्तर में कैसे चिटख-चिटखकर
चट्टानी सिलसिले
ज़िन्दगी के तथ्यों के,
ज्वलन्त रस बन पिघल रहे थे
बनकर अंगारी रस-गंगा–
हम ज्वालामुखियों के भीतर उतर रहे थे,
फिर भी काँपी न थी हमारी अक्षम जंघा।

दैनिक जीवन की अपूर्णता के मैदानों
की ज़मीन के नीचे, ऊँचे-ऊँचे कोने
भीतर-भीतर धँसे पहाड़ों के कन्धों के
पहले कभी नहीं दिख पाये--
ज्ञात नहीं था हमें कि दृढ़ता
        कि टेकड़ी उठी है भीतर
        शीश उठाये!!
ज़बरदस्त की गरमी के अंगारों से पिघले
दुर्निवार हो उठें कि
        ज्ञान-संवेदन बनकर
        यों अकुलाये,

हमको हर घर में ले निकले,
हमको हर घर में दे आये।
हम उनकी ज्वलन्त धारा में
अपनी विवेक-यात्रा करते!!
कहता कौन कि फ़ॉस्फ़ोरस या
गन्धक, कार्बन, यूरेनियम वह
द्रवीभूत हो ज़हरीला है—
जब तक जन-मानव के घर में
पावन दीप-प्रकाश
पाप-क्षालन करता हो,
तब तक उस पावन दीपक का
गहरे से भी गहरा धुआँ सुरभीला है

तब ज्वालामुखियों की वह
उद्दण्ड गड़गड़ाहट भी मीठी,
जबकि पहाड़ों की चोटी से ज्वाला फूटी,
हम ज्वालामुखियों के जीवन के उद्‌गम में
पहुँच चुके थे।
तब धरती की महानाड़ियाँ
इड़ा-पिंगला फड़क रही थीं,
और सुषुम्ना के अभ्यन्तर
उन अंगारी प्राण-पथों पर
हम भी घूम रहे थे मानी।
निर्णय-निश्चय—
जीवन-संचय की कुण्डलिनी,
पृथ्वी के भीतर की ज्वालामयी कमलिनी की
विवेकमय पंखुरियों पर
हम जा लेटे!!

कल जो हमने चर्चा की थी
अभ्यन्तर के प्रबोधकारी अग्नि-सरोवर
हमने देखे।

अंगारी झीलें जन-मन के अन्तस्तल की
अपनी आँखों, हमने देखीं।
अंजुलि भर-भर
ज्ञान-सरोवर का जल पीकर
हम उठने को थे कि सामने
हमने देखा
युगान्तकारी आस्थाओं का
        एक विशाल भव्य अक्षयवट,
उसके संचित-अनुभव-छाया-तले खड़ी है
स्वनाम धन्या
वेगवान् पीड़ा की कन्या—
भव्य कर्म-निष्ठा जन-जन्या।
उसकी युगान्तकारी भौंहें हमने देखीं—
मानो आसमान पर सहसा
किन्हीं दृगों की कोई भौंहें दिखे, जमाना
खड़ा ठिठक, कुहनी पर मुँह रख,
रह जाए देखता अचानक प्यासा-प्यासा।
भौंहें—मानो
अपने भीतर सजग एक भवितव्य
        अचानक तुम पहचानो।
यह पहचान कि जितनी गहरी
उतना-उतना चला निखरता
आत्म-बिम्ब-सा उसका तेजस्वी मुख-मण्डल।

वेगवान् पीड़ा की कन्या
भव्य कर्म-निष्ठा जन-जन्या
सीधी, सम्मुख, सहज खड़ी है,
सस्मित निर्विकार
        मानो आनन्द खड़ा हो,
अपने भीतर बसा हुआ वह
सहसा बाहर आकर, सम्मुख चन्द्र खड़ा हो!!
हमने पूछा—(यद्यपि था मालूम)

कौन हो तुम, उत्तर दो।
उसने कहा—सूर्यकन्या मैं,
पृथ्वी के भीतर रहती हूँ,
उसके अन्तर में विवेक का बहता है रस,
आत्मा का प्रतीक है सूरज!!
इस पृथ्वी के भीतर की रज
धातु बन गयी जन-अनुभव की।
कष्ट बन गये युगान्तकारी
        संकल्पों के ज्वलन्त सरसिज!!
जन-जन के आँसू के द्रव का
मूल ओसजन; मूल उद्जन,
यहाँ ज्वलन्त रश्मि पंजों में
प्रक्षोभित जाज्वल्यमान है।
इस पृथ्वी की पीड़ाओं में
धुले सूर्य का छोटा-सा कण।
रवि-अन्तर के साक्षात्कारी क्षोभ-केन्द्र से सम्बन्धित है।
यहाँ हृदय-आलम्ब भाव सब
तीव्र ज्ञान-संवेदन के ही पूर्ण बिम्ब हैं।
ठीक सूर्य के मूल केन्द्र से उनका उद्गम।
उसको रोक सके यों कोई,
किसका दावा?
ज्वालामुखियों से वे फूटें
तो उनको कहते हो लावा!!
लावा कहकर निन्दा करके
कोई न उसको रोक सकते,
वह भवितव्य अटल है, उसको
अँधियारे में झोंक न सकते।

ज्वालामुखियों के अतलों में
हमने अपनी आँखों देखीं
विविध सूर्य झीलें
प्रतिमा के प्राणामृत की।

कल जो हमने चर्चा की थी
इन झीलों में मुग्ध खिली हैं
लाल पंखुरियाँ—
जन-अनुभव की कमल-श्रेणियाँ!!
उन्हें देख, मेरे अन्तर में
जाग रहीं पावन त्रिवेणियाँ
आकांक्षा-मय भूत-भविष्यत्-वर्तमान की।
इन आकांक्षाओं की देहली पर,
भीतर के भैरवी-राग को सुनते हुए
काल का चरण रुका है!!
अपने पथ पर लाख-लाख पीड़ाएँ लेकर,
पृथ्वी घूम रही है नूतन-रश्मि-जाल में!!

इन्हीं ज्वलन्त रश्मियों के सुविशाल
शामियाने में हमने
तुमको अपने प्राण दिये औ' गले लगाया,
तुमसे आलिंगन कर
हमने जो-जो कहा
सभी वह रहा
अनन्तर सही,
तुमने भी तब उन तथ्यों की बाँह गही,
की ख़ूब प्रशंसा।

देश-देश की पीड़ाओं के उन सत्यों की
बातें की थीं,
कल जो हमने बात-बात में रातें की थीं।

एक अन्तःकथा

अग्नि के काष्ठ
खोजती माँ
बीनती नित्य सूखे डण्ठल
सूखी टहनी, रूखी डालें
घूमती सभ्यता के जंगल
वह मेरी माँ
खोजती अग्नि के अधिष्ठान

मुझमें दुविधा
पर माँ की आज्ञा से समिधा
एकत्र कर रहा हूँ
मैं हर टहनी में डण्ठल में
एक-एक स्वप्न देखता हुआ
पहचान रहा प्रत्येक
जतन से जमा रहा
टोकरी उठा, मैं चला जा रहा हूँ

टोकरी उठाना...चलन नहीं
वह फ़ैशन के विपरीत
इसलिए निगाहें बचा-बचा
आड़े-तिरछे चलता हूँ मैं
संकुचित और भयभीत
अजीब-सी टोकरी
कि उसमें प्राणवान् माया
गहरी कीमिया
सहज उभरी फैली-सँवरी
डण्ठल-टहनी की कठिन साँवली रेखाएँ

आपस में लग यों गुँथ जातीं
मानो अक्षर नवसाक्षर खेतिहर के-से
वे बेढँक वाक्य फुसफुसाते
टोकरी विवर में से स्वर आते दबे-दबे
मानो कलरव गा उठता हो धीमे-धीमे
अथवा मनोज्ञ शत रंग-बिरंगी विहंग गाते हों

आगे-आगे माँ
पीछे मैं;
उसकी दृढ़ पीठ ज़रा-सी झुक
चुन लेती डण्ठल, पल-भर रुक
वह जीर्ण नील वस्त्र
है अस्थि-दृढ़
गतिमती व्यक्तिमत्ता
कर रहा अध्ययन मैं उसकी मज़बूती का
उसके जीवन से लगे हुए
वर्षा गरमी सर्दी और क्षुधा-तृषा के वर्षों से
मैं पूछ रहा—
टोकरी विवर में पक्षी स्वर
कलरव क्यों हैं
माँ कहती—
सूखी टहनी की अग्नि-क्षमता
ही गाती है पक्षी स्वर में
वह बन्द आग है खुलने को।

मैं पाता हूँ
कोमल कोयल अतिशय प्राचीन
व अति नवीन
स्वर में पुकारती है मुझको
टोकरी विवर के भीतर से।
पथ पर ही मेरे पैर थिरक उठते
कोमल लय में।

मैं साश्रुनयन, रोमांचित तन, प्रकाशमय मन।
उपमाएँ उद्घाटित-वक्षा मृदु स्नेहमुखी
एक-टक देखती मुझको—
प्रियतर मुसकाती
मूल्यांकन करते एक-दूसरे का
हम एक-दूसरे को सँवारते जाते हैं
वे जगत्-समीक्षा करते-से
मेरे प्रतीक रूपक सपने फैलाते हैं
आगामी के।
दरवाज़े दुनिया के सारे खुल जाते हैं
प्यार के साँवले क़िस्सों की उदास गलियाँ
गम्भीर-करुण मुसकराहट में
अपना उर का सब भेद खोलती हैं।
अनजाने हाथ मित्रता के
मेरे हाथों में पहुँच ऊष्मा करते हैं
मैं अपनों से घिर उठता हूँ
मैं विचरण करता-सा हूँ एक फ़ैण्टेसी में
यह निश्चित है कि फ़ैण्टेसी कल वास्तव होगी।
मेरा तो सिर फिर जाता है
औ' मस्तक में
ब्रह्माण्ड दीप्ति-सी घिर उठती
रवि-किरण-बिन्दु आँखों में स्थिर हो जाता है।

सपने से जगकर पाता हूँ सामने वहीं
बरगद के तने सरीखी वह अत्यन्त कठिन
दृढ़ पीठ अग्रयायी माँ की
युग-युग अनुभव का नेतृत्व
आगे-आगे
मैं अनुगत हूँ।
वह एक गिरस्तिन आत्मा
मेरी माँ
मैं चिल्लाकर पूछता—

कि यह सब क्या
कि कौन-सी माया यह!

मुड़ करके मेरी ओर सहज मुसका
वह कहती है—
आधुनिक सभ्यता के वन में
व्यक्तित्व-वृक्ष सुविधावादी।
कोमल-कोमल टहनियाँ भर गयीं अनुभव-मर्मों की
यह निरुपयोग के फलस्वरूप हो गया।
अन्तर्जीवन के मूल्यवान् जो संवेदन
उनका विवेक-संगत प्रयोग हो सका नहीं
कल्याणमयी करुणाएँ फेंकी गयीं
रास्ते पर कचरे जैसी,
मैं चीन्ह रही उनको।
जो गहन अग्नि के अधिष्ठान
हैं प्राणवान्
मैं बीन रही उनको
देख तो
उन्हें सभ्यताभिरुचिवश छोड़ा जाता है
उनसे मुँह मोड़ा जाता है
यम नहीं किसी में
उनको दुर्दम करे
अनलोपम स्वर्णिम करे।
घर के बाहर आँगन में मैं सुलगाऊँगी
दुनिया-भर को उनका प्रकाश दिखलाऊँगी।

यह कह माँ मुसकायी,
तब समझा
हम दो
क्यों
भटका करते हैं, बेगानों की तरह, रास्तों पर।
मिल नहीं किसी से पाते हैं
अन्तस्थ हमारे प्रेरयितृ अनुभव

जम नहीं किसी से पाते हम
फिट नहीं किसी से होते हैं...
मानो असंग की ओर यात्रा असंग की।
वे लोग बहुत जो ऊपर-ऊपर चढ़ते हैं
हम नीचे-नीचे गिरते हैं
तब हम पाते वीथी सुसंगमय ऊष्मामय।
हम हैं समाज की तलछट, केवल इसीलिए
हमको सर्वोज्ज्वल परम्परा चाहिए।
माँ परम्परा-निर्मिति के हित
खोजती ज़िन्दगी के कचरे में भी
ज्ञानात्मक संवेदन
पर, रखती उनका भार कठिन मेरे सिर पर
अजीब अनुभव है
सिर पर की टोकरी-विवर में मानव-शिशु
वह कोई सद्योजात
मृदुल-कर्कश स्वर में
रो रहा;
सच, प्यार उमड़ आता उस पर
पर प्रतिपालन-दायित्व-भार से घबराकर
मैं तो विवेक खो रहा
वह शिकायतों से भरा बाल-स्वर मँडराता
प्रिय बालक दुर्भर, दुर्धर है--यह मैं विचारता कतराता
झखमार, झींख औ' प्यार गुँथ रहे आपस में
वह सिर पर चढ़ रो रहा, नहीं मेरे बस में
बढ़ रहा बोझ। वह मानव-शिशु
भारी-भारी हो रहा।

वह कौन? कि सहसा प्रश्न कौंधता अन्तर में—
वह है मानव-परम्परा
चिंघाड़ता हुआ उत्तर यह
सुन, कालिदास का कुमारसम्भव वह
मेरी आँखों में अश्रु और अभिमान
किसी कारण

अन्तर के भीतर पिघलती हुई हिमालयी चट्टान
किसी कारण;
तब एक क्षण-भर,
मेरे कन्धों पर खड़ा हुआ है देव एक दुर्धर
थामता नभस् दो हाथों से;
भारान्वित मेरी पीठ बहुत झुकती जाती
वह कुचल रही है मुझे देव-आकृति।
है दर्द बहुत रीढ़ में,
पसलियाँ पिरा रहीं...
पाँव में जम रहा ख़ून
द्रोह करता है मन
मैं जनमा जब से इस साले ने कष्ट दिया
उल्लू का पट्ठा कन्धे पर है खड़ा हुआ।
कि इतने में
गम्भीर मुझे आदेश
कि बिलकुल जमे रहो।
तुम दाँव अड़ाओ, तने रहो
मैं अपने कन्धे क्रमशः सीधा करता हूँ
तन गयी पीठ
औ' स्कन्ध नभोगामी होते
इतने ऊँचे हो जाते हैं।
मैं एकाकार हो गया-सा देवाकृति।
नभ मेरे हाथों पर आता
मैं उल्का-फूल फेंकता मधुर चन्द्रमुख पर
मेरी छाया गिरती है दूर नेब्युला में।
बस, तभी तलब लगती है बीड़ी पीने की।
मैं पूर्वाकृति में आ जाता,
बस, चाय एक कप मुझे गर्म कोई दे दे
ऐसी-तैसी उस गौरव की
जो छीन चले मेरी सुविधा!
मित्रों से गप करने का मज़ा और ही है।
ये गर्म चिलचिलाती सड़कें

सौ बरस जियें।
मैं परिभ्रमण करता जाऊँगा जीवन-भर
मैं जिप्सी हूँ।

दिल को ठोकर
वह विकृत आईना मन का सहसा टूट गया
जिसमें या तो चेहरा दिखता था बहुत बड़ा
फूला-फूला
या अकस्मात् विकलांग व छोटा-छोटा-सा
सिट्टी गुम है,
नाड़ी ठण्डी!
देखता हूँ कि माँ व्यंग्यस्मित मुस्करा रही
डाँटती हुई कहती है वह—
तब देव बना अब जिप्सी भी,
केवल जीवन-कर्तव्यों का
पालन न हो सके इसीलिए
निज को बहकाया करता है।
चल इधर, बीन रूखी टहनी
सूखी डालें,
भूरे डण्ठल,
पहचान अग्नि के अधिष्ठान
जा पहुँच स्वयं के मित्रों में
कर अग्नि-भिक्षा
लोगों से पड़ोसियों से मिल
चिलचिला रहीं सड़कें, व धूल है चेहरे पर
चिलचिला रहा बेशर्म दलिद्दर भीतर का
पर, सेमल का ऊँचा-ऊँचा वह पेड़ रुचिर
सम्पन्न लाल फूलों को लेकर खड़ा हुआ
रक्तिमा प्रकाशित करता-सा
वह गहन प्रेम
उसका कपास रेशम-कोमल।
मैं उसे देख जीवन पर मुग्ध हो रहा!

एक अरूप शून्य के प्रति

रात और दिन
तुम्हारे दो कान हैं लम्बे-चौड़े
एक बिलकुल स्याह
दूसरा क़तई सफ़ेद।
एक-न-एक कान
ढाँकता है आसमान
और इस तरह ज़माने के शुरू से
आसमानी शशि के पलँग पर सोये हो।

धरती के चीख़ों के शब्द
पंखदार कीड़ों से बेचैन,
तुम्हारे कानों के बालों पर बैठते
भिनभिनाते चक्कर काटते।
अटूट है, लेकिन नींद
आँखें?
धुँधला-सा 'नेब्युला'!!
एक-एक आँख में लाल-लाल पुतलियाँ
पुतलियाँ कैसी?
बुलबुलों की भाँति जो बनती-बिगड़ती हैं
फिर उठ बैठतीं!!
इसीलिए कोटि-कोटि कनीनिकाओं के बावजूद
कुछ नहीं दीखता,
एक-एक पुतली में लाख-लाख दृष्टियाँ,
असंख्य दृष्टिकोण
बनते बिगड़ते!!
इसीलिए, तुम सर्वज्ञ हो नींद में।

फिर भी, यशस्काय दिक्काल-सम्राट्,
तुम कुछ नहीं हो, फिर भी हो सब कुछ!!
काल्पनिक योग्य की पूँछ के बालों को काटकर
होंठों पर मूँछ लटका रखी है!!
ओ नट-नायक
सारे जगत् पर रौब तुम्हारा है !!
तुमसे जो इनकार करेगा
वह मार खाएगा
और, उस मूँछ के
हवाई बाल जब
बलखाते, धरती पर लहरते,
मँडराते चेहरों पर हमारे
तो उनके चुभते हुए खुरदुरे परस से
खरोंच उभरती है लाल-लाल
और, हम कहते हैं कि
नैतिक अनुभूति
हमें कष्ट देती है।
बिलकुल झूठी है सठियायी
कीर्ति यह तुम्हारी।

पर तुम भी ख़ूब हो,
देखो तो—
प्रतिपल तुम्हारा ही नाम जपती हुई
लार टपकाती हुई आत्मा की कुतिया
स्वार्थ-सफलता के पहाड़ी ढाल पर
चढ़ती है हाँफती,
आत्मा की कुतिया
राह का हर कोई कुत्ता जिसे छेड़ता है, छेंकता
लेकिन, तुम ख़ूब हो
सूनेपन के डीह में अँधियारी डूब हो।

मात्र अनस्तित्व का इतना बड़ा अस्तित्व
ऐसे घुप्प अँधेरे का इतना तेज़ उजाला,

लोग-बाग
अनाकार ब्रह्म के सीमाहीन शून्य के
बुलबुले में यात्रा करते हुए गोल-गोल
गोल-गोल
खोजते हैं जाने क्या?
बेछोर सिफ़र के अँधेरे में बिला-बत्ती सफ़र
भी ख़ूब है।
सृजन के घर में तुम
मनोहर शक्तिशाली
विश्वात्मक फ़ैण्टेसी
दुर्जनों के भवन में
प्रचण्ड शौर्यवान् अण्ट-सण्ट वरदान!!
ख़ूब रंगदारी है,
विपरीत दोनों दूर छोरों द्वारा पुजकर
स्वर्ग के पुल पर
चुंगी के नाकेदार
भ्रष्टाचारी मजिस्ट्रेट, रिश्वतख़ोर थानेदार!

ओ रे निराकार शून्य!
महान् विशेषताएँ मेरे सब जनों की
तूने उधार लीं
निज को सँवार लिया,
निज को अवशेष किया
यशस्काय बन गया सर्वत्र आविर्भूत!

भई साँझ
कदम्ब-वृक्ष पास
मन्दिर-चबूतरे पर बैठ कर
जब कभी देखता हूँ तुझको
मुझे याद आते हैं–
भयभीत आँखों के हंस
व घाव-भरे कबूतर
मुझे याद आते हैं मेरे लोग

उनके सब हृदयरोग,
घुप्प अँधेरे घर,
पीली-पीली चिन्ता के अंगारों-जैसे पर,
मुझे याद आती भगवान् राम की शबरी,
मुझे याद आती है लाल-लाल जलती हुई ढिबरी
मुझे याद आता है मेरा प्यारा-प्यारा देश,
      लाल-लाल सुनहला आवेश।
      अन्धा हूँ,
खुदा के बन्दों का बन्दा हूँ बावला
परन्तु कभी-कभी अनन्त सौन्दर्य सन्ध्या में शंका के
काले-काले मेघ-सा
काटे हुए गणित की तिर्यक् रेख-सा
                  सरीसृप-स्रक-सा।

मेरे इस साँवले चेहरे पर कीचड़ के धब्बे हैं,
                              दाग़ हैं,
और इस फैली हुई हथेली पर जलती हुई आग है,
                              अग्नि-विवेक की।
नहीं, नहीं, वह—वह तो है ज्वलन्त सरसिज!!
ज़िन्दगी के दलदल-कीचड़ में धँस कर
      वक्ष तक पानी में फँस कर
मैं वह कमल तोड़ लाया हूँ—
भीतर से इसीलिए, गीला हूँ
      पंक से आवृत,
      स्वयं में घनीभूत,
मुझे तेरी बिलकुल ज़रूरत नहीं है।

ओ काव्यात्मन् फणिधर!

वे आते होंगे लोग...
अरे, जिनके हाथों में तुम्हें सौंपना ही होंगे
ये मौन उपेक्षित रत्न!
मात्र तब तक,
केवल तब तक
तुम छिपा चलो द्युतिमान् उन्हें
तम-गुहा-तले!
ओ, संवेदनमय ज्ञान-नाग...
कुण्डली मार तुम दबा रखो
फूटती हुई रश्मियाँ
कि यह सच मुश्किल है,
किरनों के उजियाले बादल ये निर्मल हैं,
फन तक उठते
मेरे मन तक।
वल्मीक विभासित है,
यह गुहा दमकती भीतर से,
देदीप्यमान उस मधुर रश्मि-वर्षा का
असहनीय आनन्द दबा
तुम छिपा चलो जो कुछ तुम हो!
यह काल तुम्हारा नहीं!

2

किन्तु एकत्र करो
प्रज्वलित प्रस्तरों को...
वे आते ही होंगे लोग
जिन्हें तुम दोगे—

देना ही होगा, पूरा हिसाब
अपना, सबका, मन का, जन का!

3

उन रत्नों के लिए तुम्हारी व्याकुलतर
गति-सरसर
जंगल-पार
पुरों-नगरों में, आँगन के पीछे
कचरे के ढेरों में, जिनकी
मैली सतहों में फँसा-दबा
चुपचाप धँसाये गये, छिपाये गये रत्न मन के, जन के,
जो मूल्य सत्य हैं इस जग के परिवर्तन के!
वे विविध असुविधाओं के कारक होने से
नित उपेक्षिता भूमि में फिंके!

4

उनके निष्कासक आज सुन रहे हैं—
पिछवाड़े ढेरों में खड़खड़,
कोई गड़बड़,
सर्पिल गति के भूचाल भीति-प्रद अनजाने!
"जी नहीं, नहीं, कुछ नहीं, यूँ ही यह मन में खटका—
—जिस उच्च शिखर को
पश्चिम के भूगोल-शास्त्रियों ने देखा,
जिस पर प्रसन्न मुद्रा में आसन जमा लिया,
कुछ महामहिम सभ्यों ने दर्शन कमा लिया,
वह हो न कहीं
भू-ज्वाल-विवर—
जी नहीं, नहीं कुछ नहीं, यूँ ही यह मन में खटका!"

5

पिछवाड़े, ढेरों में खड़खड़,
कोई गड़बड़,
सर-सर करता छत चढ़ा, फाँद दीवार बढ़ा

वह नाग,
एक भय-जनक श्याम-संवेदन-कोब्रा। कमरों में,
लाठियाँ घूमतीं कोठों में
पर, वह खपरैलों-चढ़ा तेज़ बढ़ता जाता

6

लहराओ, लहराओ, नागात्मक कविताओ,
झाड़ियों छिपो,
उन श्याम झुरमुटों-तले कई
मिल जाएँ कहीं
वे फेंके गये रत्न, ऐसे
जो बहुत असुविधाकारक थे,
इसलिए कि उनके किरण-सूत्र से होता था
पट-परिवर्तन, यवनिका-पतन
मन में जग में!
ओ काव्यात्मन् फणिधर, अपना फन फैलाओ!
मणि-गण को धारण करो, उन्हें
वल्मीक-गुहा में ले जाओ,
एकत्र करो...

7

...अँधेरे में निकलो, जंगल भटको!
गति-सरसर से
खण्डहर-पीपल का
बड़ा वास्ता है
...देखो तो उस ओर,
नदी के पार, रास्ता है!
वन-तुलसी के तल से निकलो—
पाओ वट को!!

8

उस अन्धकार-न्यग्रोध-तले वे कई सो रहे हैं!!
ऊपर डालों पर भूतों की-सी परछाईं

हिलती, डुलती,
नीचे, तल में,
पागल स्त्री के
स्तन से चिपकी
बालक झाईं,
जंगल में दूर सियार रो रहे हैं!!
लहराओ, लहराओ, ओ मेरी कविताओ!!
वट-शाखाओं पर द्रुततर सरसर चढ़ जाओ!!

9

उन अन्धकार-शाखाओं के पत्राच्छद में
छिपकर कोई
स्वर दबा सिसकती है
दार्शनिक एक आत्मा...
जब जीवित थी,
आचरण-रहित सोचती रही
अकर्मक विवेक-धी,
औ' उदरम्भरि पल-क्षण-प्रसार में अटक गयी
सारे अन्वय-व्यतिरेक-प्रमा-उपपत्ति सहित!!
वह श्याम दार्शनिक आत्मा
अपने जीवन में
छाया जीवन जीकर भी, उदर-शिश्न के सुख
भोगती रही,
आध्यात्मिक गहन प्रश्न के सुख
भोगती रही
जन-उत्पीड़न विभ्राट्-व्यवस्था के सम्मुख!!
उसके आशय का विष पी लो
ओ काली-काली भान-आग
ओ नागराज,
इस वट की शाखाओं पर तुम करवट बदलो!!

10

नीचे उतरो, खुरदुरा अँधेरा सभी ओर,
वह बड़ा तना, मोटी डालें,

अधजले फिंके कण्डे व राख
नीचे तल में।
वह पागल युवती सोयी है
मैली दरिद्र स्त्री अस्त-व्यस्त–
उसके बिखरे हैं बाल व स्तन है लटका-सा,
अनगिनत वासना-ग्रस्तों का मन अटका था!
उनमें जो उच्छृंखल था, विशृंखल भी था,
उसने काले पल में इस स्त्री को गर्भ दिया!
शोषिता व व्यभिचरिता आत्मा को पुत्र हुआ
स्तन मुँह में डाल, मरा बालक! उसकी झाईं,
अब तक लेटी है पास उसी की परछाईं!!
आधुनिक सभ्यता-संकट की प्रतीक-रेखा,
उसको मैंने सपनों में कई बार देखा!!
जीने के पहले मरे समस्याओं के हल!!
ओ नागराज, चुपचाप यहाँ से चल!!

11

यह है अँधियारा कुआँ,
करौंदी की झाड़ी में
छिपी हुई चौड़ी मुँडेर
अधटूटी-सी।
वीरान महक सूखी-सूनी,
ठण्डी कन्हेर
पर लाल-लाल कुछ फूल,
कि यह क्या है!!

चुपचाप अँधेरे में उतरो!!
कुएँ का गोल तला सूखा
जिसमें कचरे के बड़े-बड़े हैं ढेर, अरे!!
–यह तो विचित्र है बात,
किसी ने आत्मज सद्योजात
वहाँ लाकर रक्खा, छोड़ा-त्यागा,
शिशु रोता है वह ज़ोर-शोर के साथ!!

12

अरे रे! कौन अभागा वह,
जिसने यों आत्मोत्पन्न सत्य त्यागा?
किस मौन विवशता के कारण?
किसके भय से?
पर, भय किसका?
कौन-सी क्रान्ति करने वाला था यह बालक!!
चुपचाप सरकते चलो, पास उसके पहुँचो!
निज नाग-नेत्र की कोमल द्युतियों से
गीले गुलाब पर मृदु प्रकाश डालो,
आक्रोशवती मुख-गरिमा का सौन्दर्य देख,
आवेग-भरा उल्लास-नृत्य
                तुम नाच-नाच डालो!!
आनन्द आदिवासी-नर्तक-सी धूम करो!!
अत्यन्त तीव्र-गति नाग-नृत्य-मुद्राएँ
प्रस्तुत करो सबल!
प्रस्फूर्त-अश्रुमय नाचो, कविताओं के पल!!

13

उस शिशु-स्वर से, अर्गला टूटती है,
दरवाज़े खुलते हैं,
मन मिलते-जुलते हैं।
अन्तर-आनन्द मुक्ति बन बाहर आता है,
पल-पल भविष्य उच्छृंखल होता जाता है,
आगामी कई हविष्यों के संकेत असाधारण
उसके स्वर में

14

मेरे कोब्रा, ओ क्रेट, पुष्ट पायथन,
तम-विशेषज्ञ, प्रज्वलन्त मन,
ओ लहरदार रफ़्तार, स्याह बिजली,
भू-लोक-विपथ-विज्ञान-गणित-शास्त्री,

तम छायाओं द्वारा प्रकाश-पथ के ज्ञाता,
आज की श्याम भूताकृतियों के द्वारा ही
कल की प्रकाश छवियों के ओ दर्शन-कर्ता!
विष-रासायनिक, चिकित्सक,
पण्डित कर्कोटक,
ओ जिप्सी! जग-पर्यटक अथक,
तक्षक मेरे,
मेरी छाती से चिपक रक्त का पान करो,
अपने विष से मेरे अभ्यन्तर प्राण भरो,
मेरा सब दुःख पियो
        सुख पियो, ज्ञान पी लो!
पर, पल-भर केवल पल-भर,
मानव-रूप धरो!
वह शिशु-आक्रोश जी चलो तुम अँधियारे में
उतरो बेसूझ साँवलेपन में साहस से।
वक्ष पर रखो बालक-आत्मा,
उस ऊष्म नवल आत्मा से सम्पर्कान्वित हो
विश्लेषण करते हुए,
        स्वप्न देखते हुए,
        पथ खोज चलो।
पथ खोज चलो—सोचते हुए—
शायद, सज्जन था व्यक्ति कि जिसके अन्तर में
एक और आत्मा प्रकट हुई
प्रज्वलनमयी।
पर उसको वह सह नहीं सका,
इसलिए कि कोरा और निरा वह सज्जन था!!
निज बालक को तम-कूप-विवर में डाल गया!
उसके स्वप्नों की ज्यामिति-रेखाएँ नापो,
उसके आत्म-स्थित जगत्-गणित को पहचानो,
ओ नागात्मे,
इन सब रंगों को पीयो, उन्हें विष में परिणत

करके भीतर
भोगो थर-थर,
भोगो ज़हरीला संवेदन।
पर, उससे अधिकाधिक जाग्रत्
अधिकाधिक उत्तेजित-आक्रामक हो।
सूँघते हुए वीरान हवा,
तुम, स्वप्न देखते हुए,
मन के मन में विश्लेषण करते हुए
झाड़ियों से गुजरो!!

15

रात का समय, वह गाँव, और वह औदुम्बर,
 —गहरा-सा एक स्याह धब्बा!
उसके तल में श्रमिक-प्रपा,
अंजलि से जल पीनेवाले
तृषितों के मुख-विगलित जल से
है भूमि आर्द्र-कोमल अब तक!
प्रशान्त पल में
निःसंग, स्तब्ध, गम्भीर सुगन्धें लहराती,
औ' वहाँ कहीं
साँवली सिवन्ती, श्याम गुलाब सो रहे हैं,
निद्रा में खुला-खुला आँचल,
सिरहाने पत्थर है
स्तन उघरा-सा।
धीमे चल के
शिशु उसके पास रखो धीरे हलके-हलके।
तुम खड़े रहो चुपचाप!!
सिवन्ती हिली-डुली,
बालक के भी मन की कर ली।
श्रम-गरिमा का पी दूध
सत्य नव-जात
 विकसता जाएगा।

16

ओ कविताओ!
जलमयी मुखाकृति पोंछो मत,
रहने दो, बहने दो!!
इस तम में कौन देखता है,
केवल कुछ तारों के सिवाय
जो अन्धकार में चमक रहे, उस विवेक से जो चिर-तटस्थ
अच्छे व बुरे के बीच, क्यों
उन दोनों के पर, सूक्ष्म
वह मात्र स्वार्थ बौना-चपटा,
आध्यात्मिक भाष्यों में लिपटा!

17

ओ काव्यात्मन्, तुम लौट चलो,
सौंपकर भार भी, अधिकाधिक गम्भीर और
आँखों में आँसू की झाईं,
मानो तन है ही नहीं, वरन्
चलती है मन की परछाईं,
तुम लौटो गुहा-ओर जल्दी—
                ओ नागात्मन्!

18

अजीब हुआ,
वह भीतर से देदीप्यमान जो रहती थी
भू-गर्भ-गुहा
अब अँधियारी, काली व स्तब्ध
        निश्चेतन, जड़, दुःसहा!!
                अजीब हुआ!!

19

पर, शोक मत करो नागात्मन्...
आ गये तुम्हारी अनुपस्थिति में लोग
प्रतीक्षा जिनकी थी,

ले गये ज्वलत्-द्युति प्रस्तर-घन!!
अब उन रत्नों का अर्थ दीप्त होगा,
उनका प्रभाव घर-घर में पहुँचेगा फिर से,
उनके प्रकाश में
दीख सकेगा भीषण मुख...
वह भीषण मुख उस ब्रह्मदेव का
जो रहकर प्रच्छन्न स्वयं,
निज अंक-शापिनी दुहिता-पत्नी सरस्वती
या विवेक-धी
के द्वारा ही
उद्दाम स्वार्थ या सूक्ष्म आत्म-रति का प्रचार
कर, भटकाता
विक्षुब्ध जगत् को, उसके अपने मन से ही
काटकर अलग,
फेंककर पृथक्,
उन दोनों को दूर परस्पर से, तुरन्त
अपने को स्वयं चूम जाता!
उस ब्रह्मदेव का टेढ़ा मुँह
जग देख चुकेगा पूरा ही।
उस ब्रह्मदेव का दर्शन सभी कर सकेंगे,
जिसकी छत्रच्छाया में रह
अधिकाधिक दीप्तिमान होते
घन के श्रीमुख,
पर, निर्धन एक-एक सीढ़ी नीचे गिरते जाते
उस ब्रह्मदेव का विवेक-दर्शन
होगा उद्‌घाटित पूरा!
ओ नागात्मन्,
संक्रमण-काल में धीर धरो,
ईमान न जाने दो!!
तुम भटक चलो,
इन अन्धकार-मैदानों में सरसर करते!!
शत-उपेक्षिता भूमि में फिंके

चुपचाप छिपाये गये
        शुक्र, गुरु, बुध-मंगल
कचरे की परतों-ढँके तुम्हें मिल जाएँगे!!
खोदो, जड़ मिट्टी को खोदो!
ओ भूगर्भ-शास्त्री,
भीतर का बाहर का
व्यापक सर्वेक्षण कर डालो।

नक्षत्र-खण्ड

दूर वह भूरी पहाड़ी खोदने पर
बहुत भीतर से—
जगमगाते हुए निकले रत्न—
मंगल-शुक्र के कण,
अंशुमाली सूर्य के द्युति-खण्ड तेजस्वी।

बुद्धि-आलस त्याग
भर ली यत्न की हमने चमकती धूल
जिसमें जगमगाते रत्न के शतखण्ड।

मैदानी हवाओं में
        चमकती चिलमिलाती दूर
वह भूरी पहाड़ी, या उपेक्षित तथ्य का टीला
कि सतही जानकारी में अजाना
ज़िन्दगी का स्तर तुम्हारी दृष्टि में
भूरी पहाड़ी-सा खड़ा वीरान—
तुम मेरे लिए वैसे कठिन बंजर
खड़े भूरे शिखर।

गहन परिचित अपरिचय की
        काट पीली घास,
सतही जानकारी का भयानक
काट बंजरपन,
लगे हम खोदने दो ओर से
वह टेकड़ी भूरी,
बनाये गहन अन्तःपथ
अन्तस्थल-गुहा में तब
        मिले ये दीप्त

सौ-सौ रत्न जीवन के
गहन-गम्भीर सुविचारित
सरल थे सत्य ये मन के।
शिलाओं के पहाड़ी कवच पहने थे
कि रस्ता खोजते अन्वेषकों की जोहते थे बाट...

किन्तु, इसकी पूर्वगाथा और ही कुछ थी,
कि उसकी भूमिका, आकाशिका औ' पवनिका सच थी।
ज़िन्दगी के चिलमिलाते इन पठारों पर
हमेशा तिलमिलाते कष्ट में हमने
अनेकों रास्तों पर घोर श्रम करके
कुएँ खोदे
हृदय के स्वच्छ पानी के,
कि चटियल भूमि तोड़ी और भीतर से
        निकाला शुद्ध ताज़ा जल।
वृथा की भद्रता औ' शिष्टता के नियम सारे तोड़
अनुभव ने
स्वयं के श्याम काँधे पर
रखी थीं काँवड़े जल की,
विवेकी हृदय के तल की।
हृदय-जल-पूर्ण पीपे छलछलाते थे
व श्यामल भारवाही झुके काँधे पर भरी काँवड़,
लचकती, जा रही थी दूर।
बने थे बेल-बूटे
        दूरगामी आर्द्र रेखा के।
चमकते चिलमिलाते उन पठारों पर
पिलाया प्राण-जल मीठा
कि कष्टों के
        कठिन मानव-प्रसंगों में
हृदय-सम्बन्ध
        कैसा जगमगाता था।
पिलाया स्वयं का रस-मग्न अन्तस्थल

अरे, हमने पठारों पर सतत
जी-तोड़ मेहनत से
　　　हृदय जोड़े,
कि इस पथ को
स्वयं की भव्य अन्तःशक्ति से अभ्यस्त कर डाला
कि फिर भी वह अधूरा था
अधूरा...
क्योंकि केवल भावना से
　　　काम-चलना ख़ूब था मुश्किल।
हमें था चाहिए कुछ और
जिससे ख़ून में किरणें बहें रवि की,
कि जिससे दिल
अनूठा भव्य अपराजेय टीला हो
कि जिससे वक्ष
हो सिद्धान्त-सा मज़बूत
भीतर भाव गीला हो।
हमें चाहिए था कुछ और...

हमें था चाहिए कुछ वह
कि जो ब्रह्माण्ड समझे त्रस्त जीवन को
व उसमें देख पाये
जगमगाती स्नेह-आश्लेषा,
व निर्मल झलमलाती बुद्धि-ज्योतित
　　　मुग्ध चित्रा वह,
चमकती गौर करुणा-भाव की
शुभ्र-स्मिता आर्द्रा,
अनवरत मुक्तिकामी विश्व-व्याख्या-रत
　　　धवल सप्तर्षि,
जिनके आख़िरी दो तारकों की सीध में
गम्भीर ध्रुवतारा।
हमें था चाहिए कुछ वह
कि जो गम्भीर ज्योतिःशास्त्र रच डाले।

नया दिक्काल-थियोरम बन,
प्रकट हो भव्य सामान्यीकरण
मन का
                कि जो गहरी व्याख्या
अनाख्या वास्तविकताओं,
जगत् की प्रक्रियाओं की।
    हमें था चाहिए दिन-रात
अनुभव-दीप्त मानव-ब्रह्म की संवेदना का
भव्य अनुशासन,
कि उससे एक गहरा फ़ल्सफ़ा
    तैयार हो जाए,
कि पूरा सत्य
जीवन के विविध उलझे प्रसंगों में
सहज ही दौड़ता आए–
स्मरण में आए
मार्मिक चोट के गम्भीर दोहे-सा।
कि भीतर से सहारा दे
बना दे प्राण लोहे-सा।

व व्याख्याएँ
बनें सोपान
झिलमिल सत्य-बिम्बित रत्न-प्रसार की
व ऐसी संगठित सीढ़ी-व्यवस्थाएँ
वहाँ पर भव्य दीप-स्तम्भ तक पहुँचे
कि जिस उद्दीप्त दीप-स्तम्भ के नीचे
रहे गम्भीर-तन्मय ध्यान-मग्ना
पूर्ण-मानव-मूर्ति
जीवन-लक्ष्य की दुर्दान्त।
यह थी भूमिका हम-तुम मिले थे जब
अतः हमने अपरिचय, बेरुख़ेपन
औ' उपेक्षा की
खड़ी भूरी पहाड़ी खोद डाली और

उसमें से निकाले जगमगाते रत्न
मंगल-शुक्र के कण
अंशुमाली-सूर्य
के द्युति-खण्ड तेजस्वी
(हमारी ज़िन्दगी के ये)

व इन नक्षत्र-खण्डों को
ललककर ले लिया हमने इसे देने, उसे देने,
इन्हें देने, उन्हें देने।

चकमक की चिनगारियाँ

अधूरी और सतही ज़िन्दगी के गर्म रास्तों पर
हमारा गुप्त मन
निज में सिकुड़ता जा रहा
जैसे कि हब्शी एक गहरा स्याह
गोरों की निगाहों से अलग ओझल
सिमिटकर सिफ़र होना चाहता हो जल्द!!
मानो क़ीमती मज़मून
गहरी, ग़ैर क़ानूनी किताबों, ज़ब्त पर्चों को।
कि पाबन्दी लगे-से भेद-सा बेचैन
दिल का ख़ून
जो भीतर
हमेशा टप्प टप कर टपकता रहता
तड़पते-से ख़यालों पर।
यही कारण कि सिमटा जा रहा-सा हूँ।
स्वयं की छाँह की भी छाँह-सा बारीक
होकर छिप रहा-सा हूँ।
समझदारी व समझौते
विकट गड़ते।
हमारे आपके रास्ते अलग होते।
व पल-भर, मात्र
आत्मालोचनात्मक स्वर प्रखर होता।

2

अधूरी और सतही ज़िन्दगी के गर्म रास्तों पर,
अचानक सनसनी भौंचक
कि पैरों के तलों को काट-खाती कौन-सी यह आग?
जिससे नच रहा-सा हूँ,

खड़ा भी हो नहीं सकता, न चल सकता।
भयानक, हाय, अन्धा दौर
ज़िन्दा छातियों पर और चेहरों पर
कदम रखकर
चले हैं पैर!
अनगिन अग्निमय तन-मन व आत्माएँ
व उनकी प्रश्न-मुद्राएँ,
हृदय की द्युति-प्रभाएँ,
जन-समस्याएँ
कुचलता चल निकलता हूँ।
इसी से, पैर-तलुओं में
नुकीला एक कीला तेज़
गहरा गड़ गया औ' धँस गया इतना
कि ऊपर प्राण-भीतर तक घुस आया,
लगी है झनझनाती आग,
लाखों बर्र-काँटों ने अचानक काट खाया है।
व्रणाहत पैर को लेकर
भयानक नाचता हूँ, शून्य
मन के टीन-छत पर गर्म।
हर पल चीख़ता हूँ, शोर करता हूँ
कि वैसी चीख़ती कविता बनाने में लजाता हूँ।

3

इतने में अँधेरी दूरियों में से
उभरता एक
कोई श्याम, धुँधला हाथ,
सहसा कनपटी पर ज़ोर से आघात।
आँखों-सामने विस्फोट,
तारा एक वह टूटा,
दमकती लाल-नीली बैंगनी
पीली व नारंगी
अनगिनत चिनगारियाँ बिखरा

सितारा दूर वह फूटा।
कि कन्धे से अचानक सिर
उड़ा, ग़ायब हुआ (जो शून्य यात्रा में स्वगत कहता–)
अरे! कब तक रहोगे आप अपनी ओट!
उड़ता ही गया वह, दीर्घ वृत्ताकार
पथ से जा गिरा,
उस दूर जंगल के
किसी गुमनाम गड्ढे में,
(स्वगत स्वर ये–
कहाँ मिल पाओगे उनसे
कि जिनमें जनम ले, निकले)
कि गिरते ही भयानक 'खड्ड'
सिर की थाह में से तब
अचानक ज़ोर से उछला
चमकते रत्न
बिखेरे श्याम गह्वर में।
(कि इतनी मार खायी, तब कहीं वे
स्पष्ट उद्घाटित हुए उत्तर)

4

परम आश्चर्य!!
उस गुमनाम खड्डे के अँधेरे में
खुले हैं लाल-पीले-चमकते नक़्शे,
खुली जुग्राफ़िया-हिस्टरी,
खुले हैं फ़ल्सफ़े के वर्क़ बहुतेरे
कि जिनकी पंक्तियों में से
उमड़ उठते
समूची क्षुब्ध पृथ्वी के
अनेकों कुछ गहरे सागरों
कि छटपटाते साँवले छींटे
बरसते जा रहे हैं
गीली हो रही हैं देश-देशों की

घनी बेचैन छायाएँ
(यहाँ दिल के बड़े गड्ढों)

5

अचानक आसमानी फ़ासलों में से
गुज़रते चाँद ने वह तम-विवर देखा,
लिफ़ाफ़ा एक नीला दूर से फेंका,
व पल ठिठका।
कि इतने में अँधेरे तंग कोने से
निकल बाहर,
किसी ने बहुत आतुर हो,
पढ़े अक्षर, पढ़े फिर-फिर!!
वह अर्थों के घने, कोमल
धुँधलके तैर आये और
मन की खिड़कियों में से घुसे भीतर
व दिल में छा गये वे आसमानी रंग।
लिखा था यह—
अरे! जन-संग-ऊष्मा के
बिना, व्यक्तित्व के स्तर जुड़ नहीं सकते।
प्रयासी प्रेरणा के स्रोत,
सक्रिय वेदना की ज्योति,
सब साहाय्य उनसे लो।
तुम्हारी मुक्ति उनके प्रेम से होगी।
कि तद्‌गत लक्ष्य में से ही
हृदय के नेत्र जागेंगे,
वह जीवन-लक्ष्य उनके प्राप्त
करने की क्रिया में से
उभर-ऊपर
विकसते जाएँगे निज के
तुम्हारे गुण
कि अपनी मुक्ति के रास्ते
अकेले में नहीं मिलते

6

सुनकर यह, अचानक दीख पड़ती है।
हृदय की श्याम लहरों के
अतल में कुछ
सुनहली केन्द्र थर-थर-सी,
व उन अति सूक्ष्म केन्द्रों में
निकट की दूर की
आकाश तारा-रश्मियाँ चमकीं
अनल-वर्षी।
महत् सम्भावनाओं की उजलती एक रेखा है,
जिसे मैंने
यहाँ आ ख़ूब देखा है।
अरे! मेरे तिमिर-गह्वर कगारों पर
अचानक खिल उठी प्राचीन—
—अभिनव गन्धमय तुलसी
कि जिसके सघन-छाया-अन्तरालों से
किसी का श्याम भोला मुख (बहुत प्यारा)
मुझे दिखता
कि पाता हूँ—मुझे ही देखती रहती
मनो-आकार-चित्रा वह सुनेत्रा है।

तड़पते तम विवर के उन कगारों पर
चमेली की कुन्द कलियाँ
कि वे तारों-भरे व्यक्तित्व,
मन के श्याम द्वारों पर
अभी भी हैं प्रतीक्षा में!!
पुकारूँ? क्या करूँ!! लेकिन
हृदय काला हुआ जीवन-समीक्षा में।
महकती चाँदनी की यह
प्रकाशित नीलिमा पीली
कि जिसके बीच मेरा गर्त-गह्वर घर
भयानक स्याह धब्बे-सा।

अतः, मैं कुन्द-कलियों से बिचकता हूँ,
हिचकता हूँ।
कि इतने में घनी आवाज़ आती है—
तुम्हारे तम-विवर के तट
पुनः अवतार धारण कर,
मनस्वी आत्माएँ और प्रतिभाएँ
पधारीं विविध देशों से
तुम्हारा निज-प्रसारण कर।

7

नभ-स्पर्शी हवाओं में किसी पुनरागता
ध्वनि-सा तरंगित हो,
सिविल लाइन्स के सूने,
पुराने एक बरगद पास स्पन्दित हो
उसी के पत्र मर्मर में बिखरकर मैं
तुरत अपने अकेले स्याह
कुट्ठर में पहुँचता हूँ।
बड़ा अचरज!
कि जब मैं ग़ैर-हाज़िर, तो
यहाँ पर एक हाज़िर है।—अँधेरे में,
अकेली एक छाया-मूर्ति
कोई लेख
टाइप कर रही तड़-तड़-तड़ातड़-तड़
व उसमें से उछलते हैं
घने नीले-अरुण चिनगारियों के दल!!
लुमुम्बा है,
वहाँ अल्जीरिया-लाओस-क्यूबा है
हृदय के रक्त-सर में, सूर्य-मणि-सा ज्ञान डूबा है
दिमाग़ी रग फड़कती है, फड़कती है,
व उसमें से भभकता
तड़फता-सा दुःख बहता है!!

8

इतने में,
समुन्दर में कहीं डूबी हुई जो पुण्य-गंगा वह
अचानक कूच करती सागरी तल से
उभर ऊपर
भयानक स्याह बादल-पाँत बनकर
फन उठाती है दिशाओं में।
(व मेरे कुन्द कमरे के अँधेरे में
निरन्तर गूँजती तड़-तड़-तड़ातड़ तेज़)
बाहर धूल में भी शब्द गड़ते हैं
कि टाइप कर रहा है आसमानी हाथ
तिरछी मार छींटों की!
घटाओं की गरज में,
बिजलियों की चमचमाहट में,
अँधेरी आत्म-संवादी हवाओं से
चपल रिमझिम
दमकते प्रश्न करती है—
मेरे मित्र,
कुहरिल गत युगों के अपरिभाषित
सिन्धु में डूबी
परस्पर, जो कि मानव-पुण्य धारा है,
उसी के क्षुब्ध काले बादलों को साथ लायी हूँ,
बशर्ते तय करो,
किस ओर हो तुम, अब
सुनहले ऊर्ध्व-आसन के
दबाते पक्ष में, अथवा
कहीं उससे लुटी-टूटी
अँधेरी निम्न-कक्षा में तुम्हारा मन,
कहाँ हो तुम?
हृदय में प्राकृतिक जो मूल
मानव-न्याय संवेदन
कभी बेचैन व्याकुल हो

तुम्हें क्या ले गया उस तट,
जहाँ उसने तुम्हारे मन व आत्मा को
समझकर श्वेत चकमक के घने टुकड़े
परस्पर तड़ातड़ तेज़ दे रगड़ा
कि उससे आग पैदा की
व हर अंगार में से एक
जीवन-स्वप्न चमका और
तड़पा ज्ञान!!

9

अचानक आसमानी फ़ासलों में से
चतुर संवाददाता चाँद ऐसे मुसकराता है
कि मेरे स्याह चेहरे पर
निलाई चमचमाती है!!
समुन्दर है, समुन्दर है!!
गरजती इन उफ़नती में मैं
किसी वीरान टॉवर की
अँधेरी भीतरी गोलाइयों के बीच
चक्करदार ज़ीना एक चढ़ता हूँ, उतरता हूँ।
धपाधप पैर की आवाज़
है नाराज़ निज से ही।

फिरंगी, पुर्तगाली या कि ओलन्देज़
या अँगरेज़
दरियाई लुटेरों के लिए जो एक
तूफ़ानी समुन्दर के गरजते मध्य में उठकर
पुराने रोशनी-घर की
अँधेरी एक है मीनार
उसमें आज मेरी रूह फिरती है

अनेकों मंज़िलों के तंग घेरों में
घने धब्बे
कि सदियों का पुराना मेल—

लेटे धूल-खाते प्रेत
जिनकी हड्डियों के हाथ में पीले
दबे काग़ज़
भयानक चिट्ठियों का जाल,
रॉयफल-गोलियों का कारतूसी ढेर
फैले युद्ध के नक़्शे;
समुद्री पक्षियों की उग्र, जंगली आँख,
भीषण गन्ध घोंसलों में से
कि जिनमें पंख-दल की वे—
घनी भीतें लटकती हैं।

कि मैं सब पत्र-पुस्तक पढ़
पुरानी रक्त-इतिहासी भयानकता
जिये जाता।
कि इतने में, कहीं से चोर आवाज़ें
विलक्षण सीटियाँ, खड़के,
अनेकों रेडियो के गुप्त सन्देशों-भरे षड्यन्त्र
जासूसी तहलके औ' मुलाक़ातें।
व उनको बीच में ही
तोड़ने के, मोड़ने के तन्त्र,
तहख़ाने कि जिनमें ढेर ऐटम-बम!!

कहाँ हो तुम, कहाँ हैं हम?
प्रशोषण-सभ्यता की दुष्टता के भव्य देशों में
ग़रीबिन जो कि जनता है,
उसी में से कई मल्लाह आते हैं यहाँ पर भी
व, चोरी से, उन्हीं से ही
मुझे सब-सूचनाएँ, ज्ञान मिलता है,
कि वे तो दे गये हैं, अद्यतन सब शास्त्र
मेरा भी सुविकसित हो गया है मन
व मेरे हाथ में हैं क्षुब्ध सदियों के
विविध-भाषी विविध-देशी
अनेकों ग्रन्थ-पुस्तक-पत्र

सब अख़बार जिनमें मगन होकर मैं
जगत्-संवेदनों से आगमिष्यत् के
सही नक़्शे बनाता हूँ।
मुझे मालूम,
अनगिन सागरों के क्षुब्ध कूलों पर
पहाड़ों-जंगलों में मुक्तिकामी लोक-सेनाएँ
भयानक वार करतीं शत्रु-मूलों पर
व मेरे स्याह बालों में उलझता और
चेहरे पर लहरता है
उन्हीं का अग्नि-क्षोभी धूम!!

मुझे मालूम,
कैसी विश्व-घटनात्मक
सघन वातावरण में,
विचारों और भावों का कहाँ क्या काम,
कब वह वचना का एक साधक अस्त्र,
क़ब वह ज्ञान का प्रतिरूप!!
यद्यपि मैं यहाँ पर हूँ
सभी देशों, हवाओं, सागरों पर अनदिखा
उड़ता हुआ स्वर हूँ...
मेरे सामने है प्रश्न,
क्या होगा कहाँ किस भाँति,
मेरे देश भारत में,
पुरानी हाय में से
किस तरह से आग भभकेगी,
उड़ेंगी किस तरह भक् से
हमारे वक्ष पर लेटी हुई
विकराल चट्टानें
व इस पूरी क्रिया में से
उभरकर भव्य होंगे, कौन मानव-गुण?
अँधेरे-ध्वस्त टॉवर के
तले में भव्य चट्टानें

गरजती क्षुब्ध लहरों को पकड़कर चूम
ऐसी डूबती उनमें
कि सागर की ज़बर्दस्ती
उन्हें बेहद मज़ा देती।
भयानक भव्य आन्दोलन समुद्रों का
हृदय में गूँजता रहता।
गरजती स्याह लहरों में
तड़कते-टूटते नीले चमकते काँच,
अनगिन चन्द्रमाओं के छितरते बिम्ब।
फेनायित निरन्तर एकता का बोध
जिसकी घोर आवाज़ें
समुन्दर के तले के अन्धकारों से उमड़ती हैं।

पुराने रोशनी-घर के अँधेरे शून्य-टॉवर से
अचानक एक खिड़की खोल
नीली तेज़ किरणें कुछ निकलती हैं।
वहाँ हूँ मैं
खड़ा हूँ,
मुसकराता फेंकता अपने
चमकते चिह्न,
मीलों दूर तक, उन स्याह लहरों पर
कि सूनी दूरियों के बीच रहकर भी
जगत् से आत्म-संयोगी
उपस्थित हूँ।

प्रतीकों और बिम्बों के
असंवृत रूप में भी रह
हमारी ज़िन्दगी है यह।
जहाँ पर धूल के भूरे गरम फैलाव
पर, पसरीं लहरती चादरें
बेथाह सपनों की।
जहाँ पर पत्थरों के सिर,
ग़रीबी के उपेक्षित श्याम चेहरों की

दिलाते याद।
टूटी गाड़ियों के साँवले चक्के
दिखें तो मूर्त होते आज के धक्के
भयानक बदनसीबी के।
जहाँ सूखे बबूलों की कँटीली पाँत
भरती है हृदय में धुन्ध-डूबा दुःख,
भूखे बालकों के श्याम चेहरों साथ
मैं भी घूमता हूँ शुष्क,
आती याद मेरे देश भारत की।
अरे! मैं नित्य रहता हूँ अँधेरे घर
जहाँ पर लाल ढिबरी-ज्योति के सिर पर
कसकते स्वप्न मँडराते।

10

कि मानो या न मानो तुम...
अधूरी और सतही ज़िन्दगी में भी
जगत्-पहचानते, मन-जानते
जी-माँगते तूफ़ान आते हैं।
व उनके धूल-धुँधले, कर्ण-कर्कश
गद्य-छन्दों में
तड़पते भान, दुनिया छान आते हैं।
भयानक इम्तिहानों के तजुर्बों से
मरे जो दर्दवाले, ज्ञानवाले
जो-पिलाते, मन-मिलाते दिल
जगत् के भव्य भावोद्दण्ड तूफ़ानी
सुरों से सुर मिला, अगले
किन्हीं दुर्घट, विकट घटना-क्रमों का एक
पूरा चित्र-स्वर संगीत
प्रस्तुत कर
व उनके ऊष्म अर्थों के धुँधलकों में
मगन होकर
नभो-आलाप लेते हैं

व उनके मित्र, सह-अनुभव-व्यक्ति
स्वरकार या वादक—
तजुर्बेकार साज़िन्दे
ख़यालों के उमड़ते दौर में से सहसा
निजी रफ़्तार इतनी तेज़ करते हैं—
थपाथप पीटते हैं ज़ोर से तबला ढपाढप, और
झंकृत नाद-गतियों की गगन में थाम
तुम-तुम-तोम तम्बूरे,
विलक्षण भोग अपनी वेदना के क्षण,
मिलाते सुर हवाओं से,
कि बिल्डिंग गूँजती है, काँप जाती है।
दिवालें ले रहीं आलाप,
पत्थर गा रहे हैं तेज़,
तूफ़ानी हवाएँ धूम करती गूँजती रहतीं।
उखड़ते चौखटों में ही
खड़ाखड़ खिड़कियाँ नचतीं,
भड़ाभड़ सब बजा करते खड़े बेडोल दरवाज़े।
व बाहर के पहाड़ी पेड़
जड़ में जम,
भयानक नाचने लगते।
विलक्षण गद्य-संगीतावली की सृष्टि होती है।
अचानक हो गयी बरख़ास्त मानो आज
अत्याचार की सरकार
जाने देश में किस ध्वस्त,
शहरी रास्तों पर भीड़ से मुठभेड़।
जमकर पत्थरों की चीख़ती बारिश
व रॉयफल-गोलियों के तेज़ नारंगी
धड़ाकों में उभड़ती आग की बौछार।

11

मुझ पर क्षुब्ध बारूदी धुएँ की झार आती है
व उन पर प्यार आता है

कि जिनका तप्त मुख
        सँवला रहा है
        धूम लहरों में
कि जो मानव भविष्यत्-युद्ध में रत है,
जगत् की स्याह सड़कों पर।
कि मैं अपनी अधूरी दीर्घ कविता में
सभी प्रश्नोत्तरी की तुंग प्रतिमाएँ
गिराकर तोड़ देता हूँ हथौड़े से
कि वे सब प्रश्न कृत्रिम और
उत्तर और भी छलमय,
        समस्या एक—
        मेरे सभ्य नगरों और ग्रामों में
        सभी मानव
        सुखी, सुन्दर व शोषण-मुक्त
        कब होंगे?
कि मैं अपनी अधूरी दीर्घ कविता में
उमगकर,
जन्म लेना चाहता फिर से,
कि व्यक्तित्वान्तरित होकर,
नये सिरे से समझना और जीना
चाहता हूँ, सच!!

12

नहीं होती, कहीं भी ख़तम कविता नहीं होती
कि वह आवेग-त्वरित काल-यात्री है।
व मैं उसका नहीं कर्ता,
पिता-धाता
कि वह कभी दुहिता नहीं होती,
परम स्वाधीन है, वह विश्व-शास्त्री है।
गहन गम्भीर छाया आगमिष्यत् की
लिये, वह जन-चरित्री है।
नये अनुभव व संवेदन

नये अध्याय-प्रकरण जुड़
    तुम्हारे कारणों से जगमगाती है
    व मेरे कारणों से सकुच जाती है।
कि मैं अपनी अधूरी बीड़ियाँ सुलगा,
ख़याली सीढ़ियाँ चढ़कर
पहुँचता हूँ
निखरते चाँद के तल पर,
अचानक विकल होकर तब मुझी से लिपट जाती है।

शून्य

भीतर जो शून्य है
उसका एक जबड़ा है,
जबड़े में मांस काट खाने के दाँत हैं;
उनको खा जाएँगे,
तुमको खा जाएँगे।
भीतर का आदतन क्रोधी अभाव वह
हमारा स्वभाव है,
जबड़े की भीतरी अँधेरी खाई में
ख़ून का तलाब है।
ऐसा वह शून्य है
एकदम काला है, बर्बर है, नग्न है
विहीन है, न्यून है,
अपने में मग्न है।
उसको मैं उत्तेजित
शब्दों और कार्यों से
बिखेरता रहता हूँ
बाँटता फिरता हूँ।
मेरा जो रास्ता काटने आते हैं,
मुझसे मिले घावों में
वही शून्य पाते हैं।
उसे बढ़ाते हैं, फैलाते हैं,
और-और लोगों में बाँटते बिखेरते,
शून्यों की सन्तानें उभारते।
बहुत टिकाऊ है,
शून्य उपजाऊ है।
जगह-जगह करवत, कटार और दर्रात,

उगाता-बढ़ाता है
मांस काट खाने के दाँत।
इसीलिए जहाँ देखो वहाँ
ख़ूब मच रही है, ख़ूब ठन रही है,
मौत अब नये-नये बच्चे जन रही है।
जगह-जगह दाँतदार भूल,
हथियार-बन्द ग़लती है,
जिन्हें देख, दुनिया हाथ मलती हुई चलती है।

जब प्रश्न-चिह्न बौखला उठे

जीवन के प्रखर समर्थक-से जब प्रश्न-चिह्न
बौखला उठे थे दुर्निवार,
तब एक समुन्दर के भीतर
रवि की उद्‌भासित छबियों का
गहरा निखार
स्वर्णिम लहरों में झल्लाता
झलमला उठा;
मानो भीतर के सौ-सौ अंगारी उत्तर
सब एक साथ
बौखला उठे।
तमतमा उठे !!
संघर्ष विचारों का लोहू
पीड़ित विवेक की शिरा-शिरा
में उठा-गिरा,
मस्तिष्क तन्तुओं में प्रदीप्त
वेदना यथार्थों की जागी !!
मेरे सुख-दुख ने, अकस्मात् भावुकतावश
सुख-दुख के चरणों की
मन-ही-मन
यों की 'पालागी'—
कण्ठ में ज्ञान-संवेदन के,
आँसू का काँटा फँसा और
मन में वह आसमान छाया,
जिसमें जन-जन के घर-आँगन
का सूरज भासमान छाया
झुरमुर-झुरमुर वह नीम हँसा,
चिड़िया डोली,

फर-फर-आँचल तुमको निहार
मानो कि मातृभाषा बोली–
जिससे गूँजा यों घर-आँगन
खनके मानो बहुओं की चूड़ी के कंगन।
मैं जिस दुनिया में आज बसा,
जन संघर्षों की राहों पर
ज्वालाओं से
माँओं का, बहनों का सुहाग सिन्दूर हँसा बरसा-बरसा।
इन भारतीय गृहिणी-निर्झरिणी-नदियों के
घर-घर में भूखे प्राण हँसे।
दिल में आँसू के फ़व्वारे
लेकर मेरे ये छन्द
बावरे बुरी तरह यों अकुलाकर,
बूढ़े पितृश्री के चरणों में लोट-पोटकर,
ऐसी पावन धूल हुए–
बहना के हिय की तुलसी पर
घन छाया कर
मंजरी हुए,
भाई के दिल में फूल हुए।
अपने समुन्दरों के विभोर
मस्ती के शब्दों में गम्भीर
तब मेरा हिन्दुस्तान हँसा।
जन-संघर्षों की राहों पर
आँगन के नीमों ने मंजरियाँ बरसायीं।
अम्बर में चमक रही बहना-बिजली ने भी
थी ताक़त हिय में सरसायी।
घर-घर के सजल अँधेरे से
मेघों ने कुछ उपदेश लिये,
जीवन की नसीहतें पायीं।
जन-संघर्षों की राहों पर
गम्भीर घटाओं ने
युग-जीवन सरसाया।

आँसू से भरा हुआ चुम्बन मुझ पर बरसाया।
ज़िन्दगी नशा बन घुमड़ी है
ज़िन्दगी नशे-सी छायी है
नव-वधुका बन
यह बुद्धिमती
ऐसी तेरे घर आयी है।

रे, स्वयं अगरबत्ती से जल,
सुगन्ध फैला
जिन लोगों ने
अपने अन्तर में घिरे हुए
गहरी ममता के अगुरु-धूम
के बादल-सी
मुझको अथाह मस्ती प्रदान की
वह हुलसी, वह अकुलायी
इस हृदय-दान की वेला में मेरे भीतर।
जिनके स्वभाव के गंगाजल ने,
युगों-युगों को तारा है,
जिनके कारण यह हिन्दुस्तान हमारा है,
कल्याण-व्यथाओं में घुलकर
जिन लाखों हाथों-पैरों ने यह दुनिया
पार लगायी है,
जिनके कि पूत-पावन चरणों में
हुलसे मन—
से किये निछावर जा सकते
सौ-सौ जीवन,
उन जन-जन का दुर्दान्त रुधिर
मेरे भीतर, मेरे भीतर।
उनकी बाँहों को अपने उर पर
धारण कर वरमाला-सी
उनकी हिम्मत, उनका धीरज,
उनकी ताक़त

पायी मैंने अपने भीतर।
कल्याणमयी करुणाओं के
वे सौ-सौ जीवन-चित्र लिखे
मेरे हिय में जाने किसने, जाने कैसे !!
उनकी उस सहजोत्सर्गमयी
आत्मा के कोमल पंख फँसे
मेरे हिय में,
मँडराता है मेरा जी चारों ओर सदा
उनके ही तो।
यादें उनकी
कैसी-कैसी बातें लेकर,
जीवन के जाने कितने ही रुधिराक्त प्राण
दुःखान्त साँझ
दुर्दान्त भव्य रातें लेकर
यादें उनकी
मेरे मन में
ऐसी घुमड़ीं
ऐसी उमड़ीं
मानो कि गीत के
किसी विलम्बित सुर में—
उनके घर आने की
बेर-अबेर खिली,
क्रान्ति की मुसकराती आँखों—
पर, लहराती अलकों में बिंध,
आँगन की लाल कन्हेर खिली।
भूखे चूल्हे के भोले अंगारों में रम,
जनपथ पर मरे शहीदों के
अन्तिम शब्दों में बिलम-बिलम,
लेखक की दुर्दम कलम चली।
दुबली चम्पा
जन संघर्षों में
गदरायी,

खण्डहर-मकान में फूल खिले, तल में बिखरे
जीवन-संघर्षों में घुमड़े
उमड़े चक्की के गीतों में
कल्याणमयी करुणाओं के
हिन्दुस्तानी सपने निखरे—
जिस सुर को सुन
कुएँ की सजल मुँडेर हिली
प्रातःकालीन हवाओं में।
सूरज का लाल-लाल चेहरा
डोला धरती की बाँहों में,
आसक्ति-भरा रवि का मुख वह।
उसकी मेधा की ज्वालाएँ ऐसी फैलीं—
उस घास-भरे जंगल-पहाड़-बंजर में
यों दावाग्नि लगी
मानो बूढ़ी दुनिया के सिर पर आग लगी
सिर जलता है, कन्धे जलते।
यह अग्नि-विश्वजित् फैली है जिन लोगों की
वे नौजवान,
इतिहास बनानेवाला सिर करके ऊँचा
भौंहों पर मेघों-जैसा
विद्युत् भार
विचारों का लेकर
पृथ्वी की गति के साथ-साथ घूमते हुए
वे दिशा-काल घन वातावरण-पटल जैसे
चलते जन-जन के साथ
वे हैं आगे वे हैं पीछे।

अगजाजी खोहों और खदानों के
तल में
ज्यों रत्न-दीप जलते
त्यों जन-जन के अनपहचाने अन्तस्तल में
जीवन के सत्य-द्वीप पलते !!

दावाग्नि-लगे, जंगल के बीचो-बीच बहे
मानो जवान सरिता
जलते कूलोंवाली,
इस कष्ट-भरे जीवन के विस्तारों में त्यों
बहती है तरुणों की आत्मा प्रतिभाशाली।
अपने भीतर प्रतिबिम्बित जीवन-चित्रावलि,
लेकर ज्यों बहते रहते हैं,
ये भारतीय नूतन झरने
अंगारों की धाराओं से
विक्षोभों के उद्वेगों में
संघर्षों के उत्साहों में
जाने क्या-क्या सहते रहते।
लहरों की ग्रीवा में सूरज की वरमाला;
जमकर पत्थर बन गये दुखों-सी
धरती की प्रस्तर-माला
जल-भरे पारदर्शी उर में !!
सम्पूरन मानव की पीड़ित छवियाँ लेकर
जन-जन के पुत्रों के हिय में
मचले हिन्दुस्तानी झरने
मानव युग के।

इन झरनों की बलखाती धारा के जल में—
लहरों में लहराती धरती
की बाँहों ने
बिम्बित रवि-रंजित नभ को कसकर चूम लिया,
मानव-भविष्य का विजयाकांक्षी आसमान
इन झरनों में
अपने संघर्षी वर्तमान में घूम लिया !!
ऐसा संघर्षी वर्तमान—
तू भी तो हो,
मानव-भविष्य का आसमान—
तुममें भी है,

मानव-दिगन्त के कूलों पर
जिन लक्ष्य-अभिप्रायों की दमक रहीं किरनें
वे अपनी लाल बुनावट में
जिन कुसुमों की आकृति बुनने
के लिए विकल हो उठती हैं—
उसमें से एक फूल है रे, तुम जैसा हो,
वह तुम ही हो,
इस रिश्ते से, इस नाते से
यह भारतीय आकाश और पृथ्वीतल,
बंजर जमीन के खण्डहर के बरगद-पीपल
ये गलियाँ, राहें, घर मंज़िल,
पत्थर, जंगल
पहचानते रहे नित तुमको जिन आँखों से
उन आँखों से मैंने भी तुमको पहचाना,
मानव-दिगन्त के कूलों पर
जिन किरनों का ताना-बाना
उस रश्मि-रेशमी
क्षितिज-क्षोभ-पट पर अंकित
नूतन व्यक्तित्वों के सहस्र-दल स्वर्णोज्ज्वल—
आदर्श-बिम्ब मानव-युग के।
उनके आलोक-वलय में जग मैंने देखा—
जन-जन-संघर्षों में विकसित
परिणत होते नूतन मन का।
वह अन्तस्तल...
संघर्ष-विवेकों की प्रतिभा
अनुभव-गरिमाओं की आभा
वह क्षमा-दया-करुणा की नीरोज्ज्वल शोभा
सौ सहानुभूतियों की गरमी,
प्राणों में कोई बैठा है कबीर मर्मी
ये पहलू—पाँखें, पंखुरियाँ स्वर्णोज्ज्वल
नूतन नैतिकता का सहस्र-दल खिलता है,
मानव-व्यक्तित्व-सरोवर में !!

: चाँद का मुँह टेढ़ा है

उस स्वर्ण-सरोवर का जल
चमक रहा, देखो
उस दूर क्षितिज-रेखा पर वह झलमला रहा।

ताना-बाना
मानव-दिगन्त की किरनों का
मैंने तुममें, जन-जन में जिस दिन पहचाना
उस दिन, उस क्षण
नीले नभ का सूरज हँसते-हँसते उतरा
मेरे आँगन,
प्रतिपल अधिकाधिक उज्ज्वल हो
मधुशील चन्द्र
था प्रस्तुत यों
मेरे सम्मुख आया मानो
मेरा ही मन।
वे कहने लगे कि चले आ रहे तारागण
इस बैठक में, इस कमरे में, इस आँगन में—
जब कह ही रहा था कि कब इन्हें बुलाया है मैंने,
तब अकस्मात् आये मेरे जन, मित्र, स्नेह के सम्बन्धन
नक्षत्र-मण्डलों में से तारागण उतरे
मैदान, धूप, झरने, नदियाँ सम्मुख आयीं,
मानो जन-जन के जीवन-गुण के रंगों में
है फैल चली मेरी दुनिया की
या कि तुम्हारी ही झाँई।
तुम क्या जानो मुझको कितना
अभिमान हुआ
सन्दर्भ हटा, व्यक्ति का कहीं उल्लेख न कर,
जब भव्य तुम्हारा संवेदन
सबके सम्मुख रख सका, तभी
अनुभवी ज्ञान-संवेदन की दुर्दम पीड़ा
झलमला उठी !!

ईमानदार संस्कार-मयी

सन्तुलित नयी गहरी विवेक-चेतना
अभय होकर अपने
वास्तविक मूलगामी निष्कर्षों तक पहुँची
ऐसे निष्कर्ष कि जिनके अनुभव-अस्त्रों से
वैज्ञानिक मानव-शस्त्रों से
मेरे सहचर हैं ढहा रहे
वीरान विरोधी दुर्गों की अखण्ड सत्ता।
उनके अभ्यन्तर के प्रकाश की कीर्तिकथा
जब मेरे भीतर मँडरायी
मेरी अख़बार-नवीसी ने भीतर सौ-सौ आँखें पायीं।

काग़ज़ की भूरी छाती पर
नीली स्याही के अक्षर में था प्रगट हुआ
छप्पर के छेदों से सहसा झाँका वह नीला आसमान
वह आसमान जिसमें ज्योतिर्मय
कमल खिला
रवि का।
शब्दों-शब्दों में वाक्यों में
मानवी-अभिप्रायों का जो सूरज निकला
उसकी विश्वाकुल एक किरन
तुम भी तो हो,
धरती के जी को अकुलानेवाली
छवि-मधुरा कविता की
प्यारी-प्यारी-सी एक कहन
तुम भी तो हो,
वीरान में टूटे विशाल पुल के खण्डहर में
उगे आक के फूलों के नीले तारे,
मधु-गन्ध-भरी उद्दाम हरी
चम्पा के साथ
उगे प्यारे,
मानो ज़हरीले अनुभव में
मानव-भावों के अमृतमय

शत-प्रतिभाओं के अंगारे,
उनकी दुर्दान्त पराकाष्ठा
की एक किरन
तुम भी तो हो !!
अपने संघर्षों के कड़ुए
अनुभव की
छाती के भीतर
दुर्दान्त ऐतिहासिक दर्दों की भँवर लिये
तुम-जैसे-जन
मेरे जीवन-निर्झर के पथरीले तट पर
आ खड़े हुए,
तब मैंने नहीं पुकारा—'तुम आ जाओ'
तब मैंने नहीं कहा था यों
मेरे मन की जल-धारा में
तुम हाथ डुबो,
मुँह धो लो, जल पी लो, अपना
मुख-बिम्ब निहारो तुम।
जब मेरे मन की पथरीली
निर्झर-धारा के कूलों पर,
गहरी घनिष्ठता की असीम
गम्भीर घटाएँ घुमड़ी थीं,
गम्भीर मेघ-दल उमड़े थे,
औ' जीवन की सौंधी सुगन्ध
जब महकी थी
ईमाम-भरे बेछोर सरल मैदानों पर
तब क्यों सहसा
तूफ़ानी मेघों के हिय में
तुम विद्युत् की दुर्दान्त व्यथा-सी
डोली थीं,
तब मैंने कहा था अपनी आँखों में
भावातिरेक तुम दरसाओ।
जब आसमान से धरती तक

आकस्मिक एक प्रकाश-बेल
विद्युत् की नील विलोल लता-सी
सहसा तुम बेपर्द हुईं
जब मेरे मन-निर्झर-तट पर
तब मैंने नहीं कहा था मुझको इस प्रकार
तुम अपना अन्तर का प्राकार बना जाओ।
लेकिन, संघर्षों के पथ पर
ऐसे अवसर आते ही हैं,
ऐसे सहचर मिलते ही हैं,
नभ-मण्डल में अपने को उद्घाटित
करता चलता है सूरज
इस प्रकार,
जीवन के प्रखर-समर्थक से जब प्रश्न-चिह्न
बौखला रहे हों दुर्निवार !!

कोई स्वर ऊँचा उठता हुआ बींधता चला गया।
उस स्वर को एक चमचमाती-सी तेज़ नोक
जिसने मेरे भीतर की चट्टानी ज़मीन
अपनी विद्युत् से यों खो दी, इतनी रन्ध्रिल कर दी कि अरे
उस अन्धकार-भूमि से अजब
सौ लाल-लाल जाज्वल्यमान
मणिगण निकले
केवल पल में
देदीप्यमान अंगार हृदय में सँभालता हुआ
उठता हूँ
इतने में ही जाने किस गहराई में से मैंने देखा
गलियों के श्यामल सूने में
कोई दुबली बालक छाया
असहाय! रोती चली गयी !!
दुनिया के खड़े ढूह दीखे
वीरान चिलचिलाहट में फटे चीथ चमके
थे छोर ग़रीब साड़ियों के

नन्हे बुरकों की बाँहें भीतर फँसी झाड़ियों के
उन्हें देखता रहा कि इतने में
ढूहों में से झाड़ी में से ही उधर निकली
वीरान हवा की लहरों पर
पीली धुँधली उदास गहरी नारी-रेखा
उसकी उँगली पकड़ चलती कोई
बालक-झाईं मैंने देखी
वीरान की हवा की लहरों पर
पैरों पर मैं चंचलतर हूँ
सिर पर मँडराकर अस्थिर हूँ
जब इसी गली के नुक्कड़ पर
मैंने देखी
वह फक्कड़ भूख उदार प्यास
निःस्वार्थ तृषा
जीने-मरने की तैयारी
मैं गया भूख के घर व प्यास के आँगन में
चिन्ता की काली कुठरी में,
तब मुझे दिखे कार्य-रत वहाँ
विज्ञान ज्ञान
नित सक्रिय हैं
सब विश्लेषण संश्लेषण में
मुझमें बिजली की घूम गयी थरथरी
उद्दाम ज्ञान-संवेदन की फुरफुरी
हृदय में जगी
तन-मन में कोई जादू की-सी आग लगी
मस्तिष्क तन्तुओं में प्रदीप्त
वेदना यथार्थों की जागी
यद्यपि दिन है
सब ओर लगाते हुए आग विद्युत् क्षण हैं
किन्तु अँधेरे में—
अपनी उठती-गिरती लौ की लीलाओं में
अपनी छायाओं की लीला देखता रहा

अन्तर आपद्-ग्रस्ता आत्मा
नमकीन धूल के गरम-गरम अनिवार बवण्डर-सी घूमी
फिर छितर गयी
या बिखर गयी
पर ग़ज़ब हुआ
कुछ मटियाले चेहरों के उसने पैर छुए
उद्विग्न मनःस्थिति में
जीवन के रज धूसर पद पर
आँखें बनकर, वह बैठ गयी, भीतरी परिस्थिति में
मस्तिष्क तन्तुओं में प्रदीप्त वेदना यथार्थों की जागी
वह सड़क बीच
हर राहगीर की छाँह तले
उसका सब कुछ जीने पी लेने की उतावली
यह सोच कि जाने कौन वेष में कहाँ वह कितना सत्य मिले—
वह नत होकर उन्नत होने की बेचैनी !

एक स्वप्न-कथा

एक विजय और एक पराजय बीच
मेरी शुद्ध प्रकृति
मेरा 'स्व'
जगमगाता रहता है
    विचित्र उथल-पुथल में।
मेरी साँझ, मेरी रात
सुबहें व मेरे दिन
नहाते हैं, नहाते ही रहते हैं
सियाह समुन्दर के अथाह पानी में
    उठते-गिरते हुए दिगवकाश-जल में।
विक्षोभित हिल्लोलित लहरों में
मेरा मन नहाता रहता है
    साँवले पल में।
फिर भी, फिसलते-से किनारे को पकड़कर मैं
बाहर निकलने की, रह-रहकर तड़पती कोशिश में
कौंध-कौंध उठता हूँ;
इस कोने, उस कोने
    चकाचौंध-किरनें वे नाचतीं
        सामने बग़ल में।

मेरी ही भाँति कहीं इसी समुन्दर की
सियाह लहरों में नंगी नहाती हैं।
किरनीली मूर्तियाँ—
मेरी ही स्फूर्तियाँ
निथरते पानी को काली लकीरों के
कारण, कटी-पिटी अजीब-सी शकल में।
उनके मुखारविन्द

मुझे डराते हैं,
इतने कठोर हैं कि कान्तिमान पत्थर हैं
क्वार्ट्ज़ शिलाएँ हैं
जिनमें से छन-छनकर
नील किरण-मालाएँ
कोण बदलती हैं।
एक नया पहलू रोज़
सामने आता है प्रश्नों के पल-पल में।

2

सागर-तट पथरीला
किसी अन्य ग्रह-तल के विलक्षण स्थानों की
अपार्थिव आकृति-सा,
इस मिनिट, उस सेकेण्ड
चमचमा उठता है,
जब-जब वे स्फूर्ति-मुख मुझे देख
तमतमा उठते हैं।

काली उन लहरों को पकड़कर अंजलि में
जब-जब मैं देखना चाहता हूँ—
क्या हैं वे? कहाँ से आयी हैं?
किस तरह निकली हैं,
उद्‌गम क्या, स्रोत क्या,
उनका इतिहास क्या?
काले समुन्दर की व्याख्या क्या, भाष्य क्या?
कि इतने में, इतने में
झलक-झलक उठती हैं
जल-अन्तर में से ही कठोर मुख-आकृतियाँ,
भयावने चेहरे कुछ, लहरों के नीचे से,
चिलक-चिलक उठते हैं,
मुझको अड़ाते हैं,
बहावदार गुस्से में भौंहें चढ़ाते हैं।

पहचान में आते-से, जान नहीं पाता हूँ,
शनाख़्त न कर सकता।
ख़याल यह आता है—
शायद है,
सागर की थाहों में महाद्वीप डूबे हों
रहती हैं उनमें ये मनुष्य-आकृतियाँ
मुसकरा, लहरों में, उभरती रहती हैं।
थरथरा उठता हूँ!
सियाह वीरानी में लहराता आर-पार
सागर यह कौन है?

3

जाने क्यों, काँप-सिहरते हुए,
एक भयद
अपवित्रता की हद
ढूँढ़ने लगता हूँ कि इतने में
एक अनहद गान
निनादित सर्वतः
झूलता रहता है,
ऊँचा उठ, नीचे गिर
पुनः क्षीण, पुनः तीव्र
इस कोने, उस कोने, दूर-दूर
चारों ओर गूँजता रहता है।
आर-पार सागर के श्यामल प्रसारों पर
अपार्थिव पक्षिणियाँ
अनवरत गाती हैं—
चीख़ती रहती हैं,
ज़माने-ज़माने की गहरी शिकायतें
ख़ूँरेज़ क़िस्सों से निकले नतीजे और
सुनाती रहती हैं
कोई तब कहता है—
पक्षिणियाँ सचमुच अपार्थिव हैं

कल जो अनैसर्गिक
अमानवीय दिखता था
आज वही स्वाभाविक।
इसीलिए आज जो स्वाभाविक लगता है,
निश्चित है कल वही अपार्थिव दीखेंगे।
इसीलिए, उसको आज अप्राकृत मान लो।

सियाह समुन्दर के वे पाँखी उड़-उड़कर
कन्धों पर, शीश पर
इस तरह मँडराकर बैठते
कि मानो मैं सहचर हूँ उनका भी,
कि मैंने भी, दुःखात्मक आलोचन—
—किरनों के रक्त-मणि
हृदय में रक्खे हैं।
पक्षिणियाँ कहती हैं—
सहस्रों वर्षों से यह सागर
उफ़नता आया है
उसका तुम भाष्य करो
उसका व्याख्यान करो
चाहो तो उसमें तुम डूब मरो।
अतल-निरीक्षण को,
मरकर तुम पूर्ण करो।

4

मुझसे जो छूट गये अपने वे
स्फूर्ति-मुख निहारता बैठा हूँ,
उनका आदेश क्या,
क्या करूँ?

रह-रहकर यह ख़याल आता है—
ज्ञानी एक पूर्वज ने
किसी रात, नदी का पानी काट,
मन्त्र पढ़ते हुए,

गहन जल-धारा में
ग़ोता लगाया था कि
अन्धकार-जल-तल का स्पर्श कर
इधर ढूँढ़, उधर खोज
एक स्निग्ध, गोल-गोल
मनोहर तेजस्वी शिलाखण्ड
तमोमय जल में से सहज निकाला था;
देव बना, पूजा की।
उसी तरह सम्भव है—
सियाह समुन्दर के
अतल-तले पड़ा हुआ
किरणीला एक दीप्त
प्रस्तर—युगानुयुग
तिमिर-श्याम सागर के विरुद्ध निज आभा की
महत्त्वपूर्ण सत्ता का
प्रतिनिधित्व करता हो, आज भी।
सम्भव है, वह पत्थर
मेरा ही नहीं वरन्
पूरे ब्रह्माण्ड की
केन्द्र-क्रियाओं का तेजस्वी अंश हो।
सम्भव है,
सभी कुछ दिखता हो उसमें से,
दूर-दूर देशों में क्या हुआ,
क्यों हुआ, किस तरह, कहाँ हुआ !!
इतने में कोई आ कानों में कहता है—
ऐसा यह ज्ञान-मणि
मरने से मिलता है;
जीवन के जंगल में
अनुभव के नये-नये गिरियों के ढालों पर
वेदना-झरने के,
पहली बार देखे-से, जल-तल में
आत्मा मिलती है

(कहीं-कहीं, कभी-कभी)
अरे, राह-गलियों में
पड़ा नहीं मिलता है ज्ञान-मणि।

हाय रे!
मेरे ही स्फूर्ति-मुख
मेरा ही अनादर करते हैं,
तिरस्कार करते हैं,
अविश्वास करते हैं!
मुझे देख, तमतमा उठते हैं।
क्रोधारुण उनका मुख-मण्डल देखकर लगता है,
छिड़ने ही वाली है युग-व्यापी एक बहस
उभरनेवाली है बेहद ज़द्दोजहद;
बहुत बड़ा परिवर्तन
सघन वातावरण होने ही वाला है,
जिसके ये घनीभूत
अन्धकार-पूर्ण शत
पूर्व-क्षण
महान् अपेक्षा से यों तड़प उठते हैं
कि मेरे ही अन्तःस्थित संवेदन
मुझ पर ही
झूम, बरस, गरज, कड़क उठते हैं।

उनका वार
बिलकुल मुझी पर है;
बिजली का हर्फ़
सिर्फ़ मुझ पर गिर
तहस-नहस करता है,
बहुत बहस करता है

5

मेरे प्रति उन्मुख हो स्फूर्तियाँ
कहती हैं–

तुम क्या हो?
पहचान न पायीं, सच!
क्या कहना! तुम्हारी आत्मा का
सौन्दर्य अनिर्वच,
प्राण हैं प्रस्तर—त्वच।

मारकर ठहाका, वे मुझे हिला देती हैं
सोयी हुई अग्नियाँ
उँगली से हिला-डुला
पुनः जिला देती हैं।
मुझे वे दुनिया की
किसी दवाई में डाल
गला देती हैं !!

उनके ये बोल हैं कि पत्थर की बारिश है
बहुत पुराने किसी
अन-चुकाये क़र्ज की
ख़तरनाक नालिश है
फिर भी है रास्ता, रिआयत है,
मेरी मुरव्वत है।

क्षितिज के कोने पर गरजते जाने किस
तेज़ आँधी-नुमा गहरे हवाले से
बोलते जाते हैं स्फूर्ति-मुख।
देख यों हम सबको
चमचमा मंगल-ग्रह साक्षी बन जाता है।
पृथ्वी के रत्न-विवर में से निकली हुई
बलवती जल-धारा
नव-नवीन मणि-समूह
बहाती लिये जाय,
और उस स्थिति में, रत्न-मण्डल की तीव्र दीप्ति
आग लगाय लहरों में
उसी तरह, स्फूर्तिमय भाषा-प्रवाह में

जगमगा उठते हैं भिन्न-भिन्न मर्म-केन्द्र।
सत्य-वचन,
स्वप्न-दृग् कवियों के तेजस्वी उद्धरण,
सम्भावी युद्धों के भव्य क्षण-आलोडन,
विराट् चित्रों में
भविष्य—आस्फालन
जगमगा उठता है।

और, तब हा-हा खा
दुनिया का अँधेरा रोता है।
ठहाका—आगामी देवों का।
काले समुन्दर की अन्धकार-जल-त्वचा
थरथरा उठती है !!
बन्द करने की जब कोशिश होती है तो
मन का यह दरवाज़ा
करकरा उठता है;
विरोध में, खुल जाता धड़्ड से
उसका सुदूर तक गूँजता धड़ाका
अँधेरी रातों में।
स्फूर्तियाँ
कहती हैं कि
मैं जो पुत्र उनका हूँ
अब नहीं पहचान में आता हूँ;
लौट विदेशों से
अपने ही घर पर मैं इस तरह नवीन हूँ
इतना अधिक मौलिक हूँ—
असल नहीं !!
मन में जो बात एक कराहती रहती है
उसकी तुष्टि करने का
साहस, संकल्प और बल नहीं।
मुझको वे स्फूर्ति-मुख
हर तरह देखते कि

मानो अजीब हूँ
उन्हें छोड़ कष्टों में
उन्हें त्याग दुःख की खोहों में,
कहीं दूर निकल गया
कि मैं जो बहा किया
आन्तरिक आरोहावरोहों में,
निर्णायक मुहूर्त जो कि
घपले में टल गया,
कि मैं ही क्यों इस तरह बदल गया।
इसीलिए, मेरी ये कविताएँ
भयानक हिडिम्बा हैं,
वास्तव की विस्फारित प्रतिमाएँ
विकृताकृति-बिम्बा हैं।

6

मुझे जेल देती हैं,
दुश्मन हैं स्फूर्तियाँ।
गुस्से में ढकेल ही देती हैं।
भयानक समुन्दर में बीचोबीच फेंक दिया जाता हूँ।
अपना सब वर्तमान, भूत, भविष्य स्वाहा कर
पृथ्वी-रहित, नभ-रहित होकर मैं
वीरान जलती हुई अकेली धड़कन...
सहसा पछाड़ खा
चारों ओर फैले उस भयानक समुद्र की
(काले-संगमूसा-सी चिकनी व चमकदार)
सतहों पर छटपटा गिरता हूँ
कि माथे पर चोट जो लगती है
लहरें चूस लेती हैं रक्त को,
तैरने लगते-से हैं रुधिर के रेशे ये।
इतने में, ख़याल आता है कि
समुद्र के अतल तले
लुप्त महाद्वीपों में पहाड़ भी होंगे ही

उनकी जल-खोहों तक जाना ही होगा अब।
भागती लहरों के कन्धों के साथ-साथ
आगे कुछ बढ़ता हूँ कि
नाभि-नाल छूता हूँ अकस्मात्।
मृणाल, हाँ मृणाल
जल-खोहों से ऊपर उठ
लहरों के ऊपर चढ़
बन कर बृहद् एक
काल सहस्र-दल सम्मुख उपस्थित है;
उसमें है कृष्ण रक्त।
ग़ोता लगाऊँ और
नाभि-नाल-रेखा की समान्तर राह से
नीचे जल-खोह तक पहुँचूँ तो
सम्भव है सागर का मूल सत्य
मुझे मिल जाएगा।
अन्धी जल-खोहों में
क्यों न हम घूमें और
सर्वेक्षण क्यों न करें
फिरें-तिरें।
चाहे तो दुर्घटनाघात से
बूढ़ी विकराल ह्वेल-पंजर की काँख में
फँसें-मरें।

इतने में, भुजाएँ ये व्यग्र हो
पानी को काटतीं उदग्र हो।
अचानक ख़याल यह आता है कि
काले संगमूसा-सी भयानक लहरों के
कई मील नीचे एक
बृहद् नगर
भव्य...
सागर के तिमिर तले।
निराकार तमाकार पानी की

कई मील मोटी जो लगातार सतहें हैं
जहाँ मुझे जाना है।
इसीलिए, मुझे इस तमाकार पानी से
समझौता करना है
तैरते रहना है सीमाहीन काल तक
मुझको तो मृत्यु तक
भयानक लहरों से मित्रता रखना है।
इतने में, हाय-हाय!
सागर की जल-त्वचा थरथरा उठती है,
लहरों के दाँत दीख पड़ते हैं पीसते,
दल पर दल लहरें हैं कि
तर्कों की बहती हुई पंक्तियाँ,
दिगवकाश-सम्बन्धी थिओरम या
ऊर्ध्वोन्मुख भावों की अधःपतित
उठती निसैनियाँ !!

और, ये लहरें जिस सीमा तक दौड़तीं
जहाँ जिस सीमा पर खो-सी जाती हैं
वहीं, हाँ,
पीली और भूरी-सी धुन्ध है गीली-सी
मद्धिम उजाले का मटमैला बादली परदा-सा
कि जिसके प्रसार पर
        जुलूस चल पड़ते हैं
        दिक्काल

7

स्तब्ध हूँ,
विचित्र दृश्य
फुसफुसे पहाड़ों-सी पुरुषों की आकृतियाँ
भुसभुसे टीलों-सी नारी प्रकृतियाँ
ऊँचा उठाये सिर गरबीली चाल से
सरकती जाती हैं।

चेहरों के चौखटे
अलग-अलग तरह के—अजीब हैं;
मुश्किल है जानना;
पर, कई
निज के स्वयं के ही
पहचानवालों का भान हो आता है।
आसमान असीम, अछोरपन भूल,
तंग गुम्बज़, फिर,
क्रमशः संक्षिप्त हो
मात्र एक अँधेरी खोह बन जाता है।
और, मैं मन ही मन, टिप्पणी करता हूँ कि
हो न हो
कई मील मोटी जल-परतों के
नीचे ढँका हुआ शहर जो डूबा है
उसके सौ कमरों में
हलचलें गहरी हैं
कि उनकी कुछ झाइयाँ
ऊपर आ सिहरी हैं
सिहरती उभरी हैं...
साफ़-साफ़ दीखतीं।

अकस्मात् मुझे ज्ञान होता है
कि मैं ही नहीं वरन्
अन्य अनेक जन दुःखों के द्रोहपूर्ण
शिखरों पर चढ़ करके
देखते
विराट् उन दृश्यों को
कि ऐसा ही एक देव भयानक आकार का
अनन्त चिन्ता से ग्रस्त हो
विद्रोही समीक्षण-सर्वेक्षण करता है
विराट् उन चित्रों का।

जुलूस में अनेक मुख

(नेता और विक्रेता, अफ़सर और कलाकार)
अनगिन चरित्र
 पर, चरितव्य कहीं नहीं
अनगिनत श्रेष्ठों की रूप-आकृतियाँ
रिक्त प्रकृतियाँ
मात्र महत्ता की निराकार केवलता।
उस कृष्ण सागर की ऊँची तरंगों में
उठता गिरता हुआ मेरा मन
अपनी दृष्टि-रेखा प्रक्षेपित करता है
इतने में दीखता कि
सागर की थाहों में पैर टिका देता है पर्वत-आकार का
देव भयानक
उठ खड़ा होता है।
सागर का पानी, सिर्फ़ उसके घुटनों तक है,
पर्वत-सा मुख-मण्डल आसमान छूता है
अनगिनत ग्रह-तारे चमक रहे, कन्धों पर।
लटक रहा एक ओर
चाँद
कन्दील-सा।
मद्धिम प्रकाश-रहस्य
जिसमें, दूर, वहाँ, एक फैला-सा
चट्टानी चेहरा स्याह
नाज़ुक और सख़्त, (पर, धुँधला वह)
कहता वह—
....
कितनी ही गर्वमयी
सभ्यता-संस्कृतियाँ
डूब गयीं।
काँपा है, थहरा है,
काल-जल गहरा है,
 शोषण की अतिमात्रा,
 स्वार्थों की सुख-यात्रा,

जब-जब सम्पन्न हुई
आत्मा से अर्थ गया, मर गयी सभ्यता।
भीतर की मोरियाँ अकस्मात् खुल गयीं।
जल की सतह मलिन
ऊँची होती गयी,
अन्दर सूराख़ से
अपने उस पाप से
शहरों के टॉवर सब मीनारें डूब गयीं,
काला समुन्दर ही लहराया, लहराया!

भयानक थर-थर है !! ग्लानिकर सागर में
मुझे ग़श आता है
विलक्षण स्पर्शों की अपरिचित पीड़ा में
परिप्रेक्ष्य गहरा हो,
        तिमिर-दृश्य आता है
ठनकती रहती हैं,
आभ्यन्तर ग्रन्थियाँ, बहिःसमस्याएँ।

इतने में, अकस्मात् मुझे दीख पड़ता है
काले समुन्दर के बीच चट्टान पर
सूनी हवाओं को सूँघ रहा
फूटा हुआ बुर्ज़ या
रोशनी-मीनार
बुझी हुई–
पुर्तगीज़, ओलन्देज़, फिरंगी लुटेरों के
हाथों सधी हुई।
उस पर चढ़, अँधियारा
जाने क्या गाता है,
मुझको डराता है !!
ख़याल यह आता है कि
हो न हो
इस काले सागर का
सुदूर-स्थित पश्चिम-किनारे से

ज़रूर कुछ नाता है
इसीलिए, हमारे पास सुख नहीं आता है।

इतने में अकस्मात् तैरता आता-सा
समुद्री अँधेरे में
जगमगाते अनगिनत तारों का उपनिवेश।
विविध रूप दीपों की अनगिनत पाँतों का
रहस्य-दृश्य !!
सागर में प्रकाश-द्वीप तैरता !!
जहाज़ हाँ जहाज़ सर्च-लाइट फेंक घनीभूत अँधेरे में दूर-दूर
उछलती लहरों पर जाने क्या ढूँढ़ता।
सागर-तरंगों पर भयानक लट्ठे-सा
डूबता उतराता दिखाई देता हूँ कि
चमकती चादर एक तेज़ फैल जाती है
मेरे सब अंगों पर।
एक हाथ आता है मेरे हाथ !!

वह जहाज़
क्षोभ विद्रोह-भरे संगठित विरोध का
साहसी समाज है !!
भीतर व बाहर के पूरे दलिद्दर से
मुक्ति की तलाश में
आगामी कल नहीं, आगत वह आज है !!

अन्तःकरण का आयतन

अन्तःकरण का आयतन संक्षिप्त है
आत्मीयता के योग्य
मैं सचमुच नहीं !
पर, क्या करूँ,
यह छाँह मेरी सर्वगामी है!
हवाओं में अकेली साँवली बेचैन उड़ती है
कि श्यामल-अंचला के हाथ में
तब लाल कोमल फूल होता है
चमकता है अँधेरे में
प्रदीपित द्वन्द्व चेतस् एक
सत्-चित्-वेदना का फूल

उसको ले
न जाने कहाँ किन-किन साँकलों को
खटखटाती वह;
नहीं इनकारवाले द्वार खुलते, किन्तु
उन सोते हुओं के गूढ़ सपनों में
परस्पर-विरोधों का उर-विदारक शोर होता है!
विचित्र प्रतीक गुँथ जाते,
(अनिवार्य-सा भवितव्य) नीलाकाश
नीचे-और-नीचे उतरता आता
उस नीलाभ छत से शीश टकराता
कि सिर से ख़ून,
चेहरा रक्त धाराओं-भरा,
भीषण

उजाड़ प्रकाश सपने में

कि वे जाग पड़ते हैं
तुरत ही, गहन चिन्ताक्रान्त होकर, सोचने लगते
कि बेबीलौन सचमुच नष्ट होगा क्या?
प्रतिष्ठित राज्य संस्कृति के प्रभावी दृश्य
सुन्दर सभ्यता के तुंग स्वर्ग-कलश
सब आदर्श
उनके भाष्यकर्ता ज्ञानवान् महर्षि
ज्योतिर्विद, गणितशास्त्री, विचारक, कवि,
सभी वे याद आते हैं।
प्रतापी सूर्य हैं वे सब प्रखर जाज्वल्य
पर, यह क्या अँधेरे स्याह धब्बे सूर्य के भीतर
बहुत विकराल
धब्बों के अँधेरे विवर तल में-से
उभरकर उमड़कर दल बाँध उड़ते आ रहे हैं गिद्ध
पृथ्वी पर झपटते हैं
निकालेंगे नुकीली चोंच से आँखें,
कि खायेंगे हमारी दृष्टियाँ ही वे!
मन में ग्लानि,
गहन विरक्ति; मितली के बुरे चक्कर
भयानक क्षोभ
पीली धूल के बेदम बगूले, और
गन्दे काग़ज़ों का मुन्सिपल कचरा !!
कि मेरी छाँह, उनको पार कर, भूरे पहाड़ों पर
अचानक खड़ी स्तब्ध
उसके गहन चिन्तनशील नेत्रों में
विदारक क्षोभमय सन्तप्त जीवन-दृश्य
मैदानी प्रसारों पर क्रमागत तिर रहे-से हैं।
जहाँ भी डालती वह दृष्टि,
संवेदन-रुधिर-रेखा-रँगी तसवीर तिर आती—
गगन में, भूमि पर, सर्वज्ञ दिखते हैं
तड़प मरते हुए प्रतिबिम्ब
जग उठते हुए द्युति-बिम्ब

दोनों की परस्पर-गुन्थन
या उलझाव लहरीला
व उस उलझाव में गहरे,
बदलते जगत् का चेहरा !!

मेरी छाँह सागर-तरंगों पर भागती जाती,
दिशाओं पार हलके पाँव।
नाना देश-दृश्यों में
अजाने प्रियतरों का मौन चरण-स्पर्श,
वक्ष-स्पर्श करती मुग्ध
घर में घूमती उनके,
लगाती लैम्प, उनकी लौ बड़ी करती।
व अपने प्रियतरों के उजलते मुख को
मधुर एकान्त में पाकर,
किन्हीं संवेदनात्मक ज्ञान-अनुभव के
स्वयं के फूल ताज़े पारिजात-प्रदान करती है;
अचानक मुग्ध आलिंगन,
मनोहर बात, चर्चा, वाद और विवाद
उनका अनुभवात्मक ज्ञान-संवेदन
समूची चेतना की आग
पीती है।
मनोहर दृश्य प्रस्तुत यों–
गहन आत्मीय सघनच्छाय
भव्याशय अँधेरे वृक्ष के नीचे
सुगन्धित अकेलेपन में,
खड़ी हैं नीलतन दो चन्द्र-रेखाएँ
स्वयं की चेतनाओं को मिलाती हैं
उनसे भभककर सहसा निकलती आग,
या निष्कर्ष
जिनको देखकर अनुभूत कर दोनों चमत्कृत हैं
अँधेरे औ' उजाले के भयानक द्वन्द्व
की सारी व्यथा जीकर

गुँथन-उलझाव के नक्शे बनाने,
भयंकर बात मुँह से निकल आती है
भयंकर बात स्वयं प्रसूत होती है।
तिमिर में समय झरता है;
व उसके गिर रहे एक-एक कण से
चिनगियों का दल निकलता है।
अँधेरे वृक्ष में से गहन आभ्यन्तर
सुगन्धें भभक उठती हैं
कि तन-मन में निराली फैलती ऊष्मा
व उन पर चन्द्र की लपटें मनोहरी फैल जाती हैं।
कि मेरी छाँह
अपनी बाँह फैलाती
व अपने प्रियतरों के ऊष्मश्वस् व्यक्तित्व
की दुर्दान्त
उन्मद बिजलियों में वह
अनेकों बिजलियों से खेल जाती है,
व उनके नेत्रों को दीखते परिदृश्य में
वह मुग्ध होकर फैल जाती है,
जगत् सन्दर्भ, अपने स्वयं के सर्वत्र फैलाती
अपने प्रियतरों के स्वप्न, उनके विचारों की वेदना जीकर,
व्यथित अंगार बनती है;
हिलगकर, सौ लगावों से भरी,
मृदु झाइयों की थरथरी
वह और अगले स्वप्न का विस्तार बनती है।
वह तो भटकती रहती है;
उतरती है खदानों के अँधेरे में
व ज़्यादा स्याह होती है
हृदय में वह किसी के सुलगती रहती
उलझकर, मुक्तिकामी श्याम गहरी भीड़ में चलती
उतरकर, आत्मा के स्याह घेरे में
अचानक दृप्त हस्तक्षेप करती है
सिखाती सीखती रहती,

परखती, बहस करती और ढोती बोझ
मेहनत से,
ज़मीनें साफ़ करती है,
दिवालों की दरारें परती-भरती,
व सीती फटे कपड़े, दिल रफ़ू करती,
किन्हीं प्राणांचलों पर वह कसीदा काढ़ती रहती
स्वयं की आत्मा की फूल-पत्ती के नमूने का !!

अजाने रास्तों पर रोज़
मेरी छाँह यूँ ही भटकती रहती
किसी श्यामल उदासी के कपोलों पर अटकती है
अँधेरे में, उजाले में,
कुहा के नील कुहरे और पाले में,
व खड्डों-खाइयों में घाटियों पर या पहाड़ों के कगारों पर
किसी को बाँह में भर, चूमकर, लिपटा
हृदय में विश्व-चेतस् अग्नि देती है
कि जिससे जाग उठती है
समूची आत्म-संविद् उष्मश्वस् गहराइयाँ,
गहराइयों से आग उठती है !!

मैं देखता क्या हूँ कि—
पृथ्वी के प्रसारों पर
जहाँ भी स्नेह या संगर,
वहाँ पर एक मेरी छटपटाहट है;
वहाँ है ज़ोर गहरा एक मेरा भी;
सतत मेरी उपस्थिति, नित्य-सन्निधि है।
एक मेरा भी वहाँ पर प्राण-प्रतिनिधि है
अनुज, अग्रज, मित्र
कोई आत्म-छाया-चित्र !!
धरती के विकासी द्वन्द्व-क्रम में एक मेरा छटपटाता वक्ष,
स्नेहाश्लेष या संगर कहीं भी हो
कि धरती के विकासी द्वन्द्व-क्रम में एक मेरा पक्ष,

मेरा पक्ष, निःसन्देह !!

यह जनपथ,
यहाँ से गुज़रते हैं फूल चेहरों के
लिये आलोक आँखों में।
स्वयं की दूरियाँ, सब फ़ासले लेकर
गुज़रते चमकते तारे।
लिये रातें अँधेरी,
गुज़रती हैं ढिबरियाँ, टिमटिम
सुबह गोरी लिये जाती खुद अपनी
आईने-सी साफ़ दोपहरी,
हँसी, किलकारियाँ
रंगीन मस्त किनारियाँ
वे झाइयाँ आत्मीय,
वे परछाइयाँ काली बहुत उद्विग्न,
श्यामल खाइयाँ गम्भीर।
मुझको तो समूचा दृश्य धरती की सतह से उठ,
अनावृत, अन्तरिक्षाकाश-स्थित दिखता;
नवल आकाश के प्रत्यक्ष मार्गों सेतुओं
पर चल रहा दिखता
व उस आकाश में से बरसते मुझ पर
सुगन्धित रंग-निर्झर और
छाती भीग जाती है, व आँखों में
उसी की रंग-लौ कोमल चमकती-सी
कि इतने में
भयानक बात होती है
हृदय में घोर दुर्घटना
अचानक एक काला स्याह चेहरा प्रकट होता है
विकट हँसता हुआ।
अध्यक्ष वह
मेरी अँधेरी खाइयों में
कार्यरत कमज़ोरियों के छल-भरे षड्यन्त्र का

केन्द्रीय संचालक
किसी अज्ञात गोपन कक्ष में
मुझको अजन्ता की गुफाओं में हमेशा क़ैद रखता है
क्या इसलिए ही कर्म तक मैं लड़खड़ाता पहुँच पाता हूँ?

सामना करने
निपीड़क आत्मचिन्ता से
अकेले में गया मन, और
वह एकेक कमरा खोल भीतर घुस रहा हर बार
लगता है कि ये कमरे नहीं हैं ठीक
कमरे हैं नहीं ये ठीक,
इन सुनसान भीतों पर
लगे जो आईने उनमें
स्वयं का मुख
जगत् के बिम्ब
दिखते ही नहीं...
जो दीखता है वह
विकृत प्रतिबिम्ब है उद्भ्रान्त
ऐसा क्यों?
उन्हें क्योंकर न साफ़ किया गया?
कमरे न क्यों खोले गये?
आश्चर्य है!
ये आईने किस काम के
जिनमें अँधेरा डूबता !!
सबकी पुनर्रचना न क्योंकर की गयी?
इतने में कहीं से आ रहा है पास
कोई जादुई संगीत-स्वर-आलाप
आता पास और प्रकाश बनता-सा
कि स्वर ने रश्मियों में हो रहे परिणत
व उनसे किरण-वाक्यावलि
सहस्रों पीढ़ियों ने विश्व का
रमणीयतम जो स्वप्न देखा था

वही,
हाँ, वही
बिलकुल, सामने, प्रत्यक्ष है !!
मैं देखता क्या हूँ,
अँधेरे आईनों में सिर उठाती है
प्रतेजस-आनना
प्रतिभामयी मुख-लालिमा
तेजस्विनी लावण्य भी
प्रत्यक्ष,
बिलकुल सामने !!
(शायद, शमा कोई अचानक मुसकरायी थी)
कई फ़ानूस, भीतर, रंग-बिरंगे झलमला उठते
गहन संवेदनाओं के...
आश्चर्य,
क्योंकि दूसरे ही क्षण
अचानक एक ठण्डा स्पर्श कन्धे पर
हृदय यह थरथरा उठता !!
भयानक काला लबादा ओढ़े है,
बराबर, सामने, प्रत्यक्ष कोई
स्याह परदे से ढँका चेहरा
सुरीली किन्तु है आवाज़
व यद्यपि चीख़ते-से शब्द—
मुझसे भागते क्यों हो,
सुकोमल काल्पनिक तल पर,
नहीं है द्वन्द्व का उत्तर
तुम्हारी स्वप्न-वीथी कर सकेगी क्या।
बिना संहार के, सर्जन असम्भव है;
समन्वय झूठ है,
सब सूर्य फूटेंगे
व उनके केन्द्र टूटेंगे
    उड़ेंगे—खण्ड

बिखरेंगे गहन ब्रह्माण्ड में सर्वत्र
उनके नाश में तुम योग दो !!

आँखें देखती रहतीं,
हृदय यह स्तब्ध है,
कौन है जो सामने है, क्षुब्ध है!!
सहसा किसी उद्वेग से
मैं झपटता,
उस घोर आकृति पर भयानक टूट पड़ता हूँ!
व उसका आवरण ऊपर उठाकर फेंक देता हूँ,
कि मैं आतंक-हत
जी धक्
व जड़, निर्वाक्!!

वह तो है, वही है, हाँ वही बिलकुल,
प्रतेजस-आनना
लावण्य-श्री मितस्मिता
जिसने अँधेरे आईने में सिर उठाया था
व हलके मुसकराया था
व मेरा जी हिलाया था!!
सहस्रों पीढ़ियों ने विश्व का
रमणीयतम
जो स्वप्न देखा था
वही बिलकुल वही।
स्वप्न के आवेश में यह जो
सुकोमल चाँदनी की मन्द नीली श्री
क्षितिज पर देख,
फ़सलों के महकते सुनहले फैलाव
में ही चला जाता हूँ
व आँखों में चमकती चाँद की लपटें
हृदय में से
निकलती आम्र-तरु-मधु-मंजरी की गन्ध।

इतने में सुनहला एक गोरा झौंर
सहसा तोड़ लेता हूँ
अचानक देखता क्या हूँ
हर एक बाली में सुकोमल फूल में
तेजस्-स्मित धरती और मानव के
प्रभामय मुख समन्वय से
अरे किसका अरे किसका
प्रिय जनों का!! सहचरों का वह
कि उसको देख
गोरा झौंर
वापस लगा देता, जमा देता डाल पर सुस्थित
व वे मुख मुसकराते हैं
कि जादू है
व मैं इस जादुई षड्यन्त्र में फँसता गया।
पर हाय!
मुझको तोड़ने की बुरी आदत है
कि क्या उत्पीड़कों के वर्ग से होगी न मेरी मुक्ति!!

इतने में वही रमणीयतम
मृदु मूर्ति
धीमे मुसकराती है
व मुझको, और गहरे और गहरे,
जान जाती है
कि इन्हें सब जगह यों फैल जाती हैं
कि मैं लज्जित
भयानक रूप से
विद्रूप मैं सचमुच !!

कि इतने में
अचानक कान में फिर से
नभोमय भूमिमय लहरा रहा-सा
गन्धमय संगीत

मानो गा रहा कोई पुरुष
आकाश के नीचे,
खुले बेछोर क्षिप्रा कूल पर उन्मुक्त
लेकिन विरोधात्मक चेतना मेरी
उसी क्षण सुन रही है
श्याम सन्ध्या काल मन्दिर आरती आलाप वेला में
भयानक श्वानदल का ऊर्ध्व क्रन्दन
वह उदासी की ऊँचाई पर चढ़ा लहरा रहा रोना
सुन रहा हूँ आज दोनों को
कि है आश्चर्य!!
यह भी ख़ूब
जिस सौन्दर्य को मैं खोजता फिरता रहा दिन-रात
वह काला लबादा ओढ़
पीछे पड़ गया था रात-दिन मेरे।
कि उद्‌घाटित हुआ वह आज
कि अब सब प्रश्न जीवन के
मुझे लगते
कि मानो रक्त-तारा चमचमाता हो
कि मंगल-लोक
हमको बुलाता हो
साहसिक यात्रा-पथों पर और
मेरा हृदय दृढ़ होकर धड़कता है
कि मैं तो एक आयुध
मात्र साधन
प्रेम का वाहन
तुम्हारे द्वार आया हुआ मैं अस्त्र-सज्जित रथ
मेरे चक्र दोनों अग्र गति के लिए व्याकुल हैं
व मेरी प्राण-आसन्दी तुम्हारी प्रतीक्षा में है
यहाँ बैठो, विराजो,
आत्मा के मृदुल आसन पर
हृदय के, बुद्धि के ये अश्व तुमको ले उड़ेंगे और
शैल-शिखरों की चढ़ानों पर बसी ठण्डी हवाओं में

उसके पार
गुरुगम्भीर मेघों की चमकती लहर-पीठों पर
व उसके भी परे, आगे व ऊँचे,
स्वर्ण उल्का-क्षेत्रों में रथ
तुम्हें ले जाएगा!!
नक्षत्र-तारक-ज्योति-लोकों में घुमा ले आएगा सर्वत्र।
रथ के यन्त्र सब मज़बूत हैं।
उन प्रश्न-लोकों में यहाँ की बोलियाँ
तुमको बुलाती हैं
कि उनको ध्यान से सुन लो।

इस चौड़े ऊँचे टीले पर

भूरे केसरिया सूखे घास के रोम-आवरण-ढँके-से
इस चौड़े ऊँचे टीले पर—
जहाँ दीखता
उलझे टूटे हुए गिर पड़े कठिन कँटीले
राखी रंग के तारोंवाला एक अहाता
वहाँ उजाड़ हवा है
जिसके भूरे तल में
जगह-जगह पीले जंगली फूलों के कारण
कटा-पिटा दीखता रास्ता।

2

मैंने अनधिकार चेष्टा की,
तार कँटीले कूद-फाँद कर सीमोल्लंघन,
क्या है उधर! वहाँ क्या अन्दर?
अजीब खटका!!
तन में दबी-दबी कोई बारीक थरथरी!!
इस ज़मीन पर अब खम्भे-सा धँसा खड़ा हूँ।
सपने में दीखते गणित के
गुप्त अर्थवाचक विचित्र
आँकड़े सरीखा
मैं अब अपने को ही दीखा
सोच रहा हूँ पीले उतरे चेहरे से अब जाने क्या-क्या!

3

वही सनातन प्रश्न, यहाँ मैं क्योंकर आया?
किस इच्छा-मशीन से धक्का खाकर मैंने
इस टीले पर ख़ुद को पाया!!

मेरा दिल यह ख़ून पम्प करता है
आज अजीब तरह से क्यों कर–
मुझको अपना चेहरा ही अजनबी दीखता
आईना ही ग़लत या कि देखना ग़लत है
या मेरा चेहरा ही बदला करता हरदम
हाय, हाय, यह क्या सवाल है,
क्या बवाल है!!

4

इस टीले पर, सूरज की उजाड़ किरनों में
उस तिरछे बबूल के काँटों-भरे किनारे,
चिलक रही है ज़ंग खायी अध-टूटी मोटर
लीचड़ टायर!!
पेचीदा क़िस्सा है,
कोई भगा ले गया...
दुर्घटना में मारे गये अचानक दोनों...
स्याह ज़िन्दगी का हिस्सा यह
भूरी गरम उजाड़ हवा में
उसाँस लेता रहता-सा है
किसी घुमक्कड़ अन्वेषक के इन्तज़ार में प्यासा-प्यासा।

5

मैं जिज्ञासु वृथा हूँ,
जाने किस रहस्यमय रक्त-प्रतीक-कथा का
अर्थ खोजता ही फिरता हूँ।

6

इस टीले के पार तले मैं नीचे फैले मैदानों में
एक अजीब अदेखे टेढ़ों की जो तिरछी झाँकी!!
वह इस्पाती धार नदी की
प्रकृति दृश्य विस्तार
सो रहा आँखें खोल!!

7

यहाँ कहाँ आ फँसा,
किसी गूढ़ सन्देह-जनक क्षेत्र में, हाय,
बावजूद अपने!! अजीब!!
आ घुसा!!
इस टीले पर...और
हवा के झौंर
स्पर्श के पाप-गुच्छ से
झूम, लटक, छू रहे जगत्
(आदमी—सिर्फ़ अफ़वाह,
प्राण दयनीय तुच्छ-से)

8

इसी अहाते के अन्दर
हैं, वहाँ मध्य में
उलटे तिरछे खड़े पुराने पेड़
ऊँचाई पर व खड्ड में
उन पेड़ों की डालों में से, एक
झाँक रही कत्थई रुखाई जो कि
वह बँगला है, लाल भवन है, क्योंकि
कोई रक्तिम केन्द्र
उसी केन्द्र की तलाश में चुपचाप
घूम रहा हूँ आप।
सुना है कि उस केन्द्र-सत्य में, खाट
डालकर सोता है विभ्राट्
कोई मर गया किसी से गुप्त युद्ध में
उसी अहाते के अन्दर,
तरु-घिरे मध्य में।

9

भटक पड़ा मन उस बँगले की ओर...
...(कँपकँपी)
जाने किस जाग्रत मूर्च्छा में चलकर, दे दी

किसी बन्द दरवाज़े पर उद्दण्ड थपथपी!!
एक अचानक थरथर ज़हरी
ठण्डी गाँठ दर्द की गहरी
हाय, हाय, अब मैं भागूँगा
कोई पशु उस झाड़ी से भागता गया है
मेरे हाथों में फिरकी है, मेरे पैरों में पहिया है।
छोड़ो भारत, चलो अन्दमन, भागो मालदिव,
उस बँगले में छिपा हुआ है एक डिटेक्टिव!!

10

देखो मत पीछे...
आँखें दो चमक रही हैं,
पीली सूरत !!
बरामदे में मोटी बेलें,
उनका सर्द अँधेरा गहरा,
उलझी रस्सी-सी डालों की सूखी जाली,
जिसकी छाँहों में यह क्या है, यह क्या है?
पत्थर की बुत
अपना जड़ीभूत सिर ताने खड़ी हुई है!!
—वह मैं, वह मैं,
जाने कब से
मेरे हाथ हुए पत्थर के
मेरे पैर मृतिका-स्तर के
मेरी सूरत माटी की-सी
दिल के भीतर गरम ईंट है, गरम ईंट है
जले हुए ठूँठ से तने-सी स्याह पीठ है!!

11

अकस्मात्, फट पड़े बीच से सिर, औ' ताज़ा
ख़ून बहे त्यों सहसा ही खुल पड़ा
धड़ से
वह दरवाज़ा

और, एक आवाज़ बह उठी—
(सावधान, पर नरम किन्तु नाराज़)
शब्द, तत्पर!!
अजनबी ज़ोर उन पर
दिल धँसा कि धँसता गया कि मानो जान गयी!!
उन हरे-हरे पेड़ों पर उड़ती हुई दिखी
मुझको सफ़ेद चादर लहराती हुई
कि मानो कफ़न...
जीवन में अपनी कठिन मृत्यु देख ली।

12

बहुत ख़ूबसूरत चमकीला वह चेहरा है!!
मुझको सदमा
इतना आकर्षक तो भयप्रद दानव-सा क्यों,
दानव है तो देवों-सा क्यों
क्यों वह ब्रह्मा का शंखध्मा
ढीलाढाला कोट पैण्ट पहने गन्धर्व सुनहरा,
योरोपीय यक्ष या हिन्दुस्तानी जिन्न!!
नया अनुभव है,
उसके सावधान हाथों अब जाने क्या मेरा सम्भव है।

13

क्षण का गहरा-गहरा कूआँ
मैं मुँडेर से गिरा अतल-पाताल अँधेरे में कि
तले तक ज्यों ही पहुँचा था कि
वहाँ अज्ञात हाथ ने फिर से फेंका
बहुत ज़ोर से यों कि तुरत
वापस मुँड़ेर पर मैं आ बैठा!
कुआँ नहीं यह नहीं कहीं कुछ ऐसा-वैसा
मैं ज़िन्दा हूँ,
मैं हूँ
'आइ एग्ज़िस्ट'

साबित सही सलामत।
साबित,
सूना बढ़ा रूम है, हवा सुनहली-भूरी निर्जन
मेरे सम्मुख वही पुरुष, उसका अवलोकन!!

14

किसी भव्य मन्दिर-गुम्बज के भीतर
ज्यों गम्भीर ध्वनन-क्रम
गूँज उठे त्यों सावधान वे शब्द
"कौन तुम?"
मेरे दिल पर धीमी थापें हलकी-हलकी
आयी यादें उपनिषदिक ऋषि याज्ञवल्क्य की
मैंने सस्मित होना चाहा
चेहरे पर मीठी-मीठी सलवटें पहन
मुसकाना चाहा।
"बुनियादी सवाल अपना पहचान न पाया"
मैंने कहा—"बताया है आपने उसे
मैं कौन, मुझे उसका उत्तर आपसे चाहिए,
क्या हूँ, क्यों हूँ, कैसे हूँ, यह सब बताइए।"

15

मानो कि कनपटी पर अनपेक्षित अकस्मात् आघात
कि थप्पड़ है
विश्वात्मक भन्न-भन्न व्यापी
अत्यन्त दूर नैब्युला तक
क्या उस सवाल में यही झूठ की झालर थी?
भावना एक कृत्रिम थी या
भीतर-भीतर की तहों दबी
कोई-कुछ बात छिपाने के लिए
बहाने-सा मेरा यह प्रश्न गूँजता था?
या क्या?
या क्या?

महसूस हुआ अजनबी एक जंगली काला कौवा
अनजाने, सिर पर आ बैठा!!
भीतर के गहरे धक्के से
मस्तक का छत फूटने लगा
अपनी छाती पीटता हुआ नाद अनहद
सिर में भरमा—
तितलियाँ लाल
तैरने लगीं...
कि पल-भर में ही
उस कमरे की वह हवा
रक्त वेदना-बिन्दुओं में विघटित!!
उनको सहसा लीलती हुई
आड़ी-तिरछी सफ़ेद-सी रेखाएँ
मुझको दीखीं
उन रेखाओं पर वाक्य अदृश्य लहरते थे
उलटे-सीधे वे चारों ओर उभरते थे
सामने दीखता-सा आशय,
उड़ता था और फहरता था,
मेरा सवाल चक्कर खाकर
सहसा कानों के आस-पास उलटा होकर
आड़े-तिरछे प्रति-प्रश्न पूछता हुआ
घहरने लगा...गूँजने लगा।
उभरने लगा स्वयं मैं ही
उलटा होकर, पलटा खाकर!!

16

इतने में उसने कहा—
"इन्तज़ार था मुझे तुम्हारा हरेक पल
इसी खास मौक़े पर तुमसे
मुलाक़ात करना भी अवश्य ज़रूरी था।
मैं दक्खिन से
तुम पश्चिम से

दोनों इस बँगले आ पहुँचे।
मैं हाज़िर हूँ,
तुम दबे-पाँव आओगे यहाँ चोरी-चोरी
बिलकुल तै था
वह भीतर की मजबूरी है–
कुछ ख़ास बातें करनी हैं तुमसे अब।"
उसके शब्दों में धरती का दबाव-सा था,
या भीतर तह चीरता हुआ
चमचमा रहे नस्तर का
तीखा गहरा
पेचीदा घुमाव-सा था।

17

इतने में सहसा दीख पड़ा–
घिरते आये
इस गोरे चेहरे पर ख़याल
शाम के सुनहले रंगों पर ज्यों बिछ जाएँ
काली लहरें,
बिछते-बिछते
सूरज की कुछ चिनगियाँ बचें,
और तेज़ चमकने लगें
त्यों आँखों में चालाक–सूझ की एक अजब रोशनी
देखने लगी मुझे।
मैं उसी चमक की थाह नापने लगा
कि यों महसूस हुआ
अँधियारे वीराने में दूर कहीं
अनगिनत तरह से नाच रही
कोई ऊँची जादुई आग
है लाल-लाल
जाने किस मानों में।
उसकी निगाह दूरियाँ पार कर मुझे देखती है
गोरे माथे पर हैं अजीब

खुरदरे तजुर्बों की बेढव
बारीक लकीरें, जिन्हें देख
मैं सोच रहा–
उस सिर के भीतर क्या?
क्या चलता है?
कौन-से कारख़ाने?
लोहे के चक्के घूम रहे किस ताक़त से
प्रच्छन्न विचार-मशीनों की गति के ताँते
क्या है? क्या हैं बातें?
क्या चाहता है?
हतबुद्धि यहाँ मैं, यहाँ प्रस्तुत हूँ,
क्या उत्तर दूँ!

18

वह कहता था–
मत बनो दार्शनिक बनावटी
तुम क्या हो, कैसे हो, क्यों हो
इसका उत्तर
टीन के कनस्तर ही देंगे
जिनकी उपमा, उधार लेकर,
तुम अकसर देते रहते हो
उन लोगों को
जो सदा तुम्हारी तरह बेजा ही करते हैं
भीतर के उन आवेगों से
जो भीतर गिरफ़्तार रहकर
टीन के कनस्तर से दिल में
हड़बड़ी मचाया करते हैं।
वे अटके हुए,
शिश्नोदर-लक्ष्य-पूर्ति में गहरे भटके हुए
क्षुब्ध आवेग-रूप चूहे!!
उनकी गड़बड़
गूँजती-काँपती है पवित्र से पवित्र

सुन्दर पल क्षण में।
शिश्नोदर-लक्ष्य-पूर्ति का बल अब एक मात्र बल है
जो वेश बदलता रहता है
वह कुत्ते-सा घूमता शहर के रास्तों पर
तब बहुत युद्ध होता है भरे मुहल्ले में
पूरा का पूरा शहर चीख़-चिल्लाहट सुनता रहता है
हाँ, वही शक्ति बेख़ौफ़ रीछ बनकर शिकार पर आती है
मानो समाज सभ्यता घना जंगल ही हो।
मैं उसकी बातें सुनता था—
वह मुझसे क्यों कहता है यह?
इसका मुझसे सम्बन्ध और सन्दर्भ कहाँ?
वह कहता गया—
"आइए भीतर, अब
हैं तितर-बितर इस वक़्त आप
भीतर आकर
तरतीब पाएँगे अपने में आप...!!"
सुनकर दहशत!!
लोहे के दाँतदार चक्के
खेल में यों घूम उठे
मेरा सब-कुछ भीतर-भीतर
पीसा-सा जाने लगा...
फँसा उलझा
घनघोर मशीनी चक्कों के बीच में
मेरा जा बे-जा
जो भी था।

वह कहता गया—
"बिल्लियों के नाख़ून
और भी ज़्यादा धारदार हो गये...
अजीब तरह से हुआ ख़ून
मूर्च्छित कर वश में किया गया।
तुम भागो तिनवांकुर या डिब्रूगढ़ या देहरादून

कहीं भी जाओ
बे-रोक-टोक उसकी शिकार
अप्रतिबद्धा उसकी मृगया"
उसने यह सब इस तरह कहा
मानो मुझ पर शक
काला-सा सन्देह
पर्वत उतार पर तेज़ लुढ़कता हुआ अरे
मैं गिरा किस गहरे गड्ढे में अँधियारे
कि इतने में उन वाक्यों का आशय पूरा
उभरा, चमका!!
धड़धड़ धड़ाम धड़धड़ धड़ाम
कर, गूँज उठा फूटा डंका दिल का।
अगले ख़तरे से सावधान,
      हाँ सावधान!!
मुझको अब रहना है।

19

देखता हुआ कमरे की सूनी दीवारें
वीरान हवा सूँघता हुआ
मानो मैं दर्द-भरे सपने में घूम रहा,
वह लौट-लौट आनेवाला-सा सपना है।
शायद पहले भी आया था,
मैंने यह कमरा देखा है।

20

हम दोनों कमरे में अब आ पहुँचे
कॉर्निस पर, पंख फड़फड़ाकर, बूढ़े पक्षी
तिनकों को बिखरा-गिरा
चमकती सावधान आँखों से देख रहे—
तिरछी किरनें तिपहर की फैलीं जो
चौड़े पलंग पर खोयी-सी
वे किरनें सूनी आँखों से सब देख रहीं।

लम्बी चौड़ी विस्तार शैया
हैं केश खुले
ठण्डे नक्षत्रों-सी आँखें,
दूरियों-भरी द्युतिमयता में,
हैं चमक रहीं!!
वह देह सुनहला बादल है,
जिसका मुख है चम्पई, कलाई पर नीली
चूड़ियाँ मनोहर चमक रहीं,
पर, छायी है मृत्यु की पीतिमा सभी तरफ़!

21

मन के भीतर अजीब हलचल
मानो घबराकर तितर-बितर
चींटियाँ बिखर वल्मीक गुहा में से भागें,
यादें सारी दौड़ने लगीं
खोजती हुई–
"यह कौन यहाँ जो लेटी है
मृत आवृति पीली जड़ीभूत!!"

मेरे सम्मुख, नाचने लगा कोई आशय
मानो अथाह पानी के निचले तल में से
नीली-नीली अणु-किरणों की प्रदीप्त गुत्थी
यों भभक उठे,
उठकर नील-लहर-सतह पर
लहराकर नाचने लगे
वह युरेनियम-ज्वाला
पास में खड़ा वैज्ञानिक के
भयभीत भागते हुए देह को लपक लपेटे बाँहों में
अपनी जलती छाती में
उसको यों समेटने लगे कि वह
चीखकर गिरे बेहोश
और मर जाय

भयानक आकस्मिकता से,
प्रकाश से, ऊष्मा से, भय से,
त्यों अपनी महिमा से,
लपेटने लगा मुझे
वह आशय
सूर्याकाश-पाश की सभ्यता से

22

वह जो लेटी है शक्ति हता
विगता स्वर्णाभा विद्युत् की
वह कौन?
हमारी आत्मा ही तो नहीं कहीं
जीवन की दीर्घ यात्रा में
हमने असावधानी से जिसको कहीं खो दिया है
देदीप्यमान वह एक अग्नि-मणि है
जिसको अब तक सँभाल रक्खा था वह विवेक
जाने किस तरह बिखरकर गिर पड़ा किसी अनजान जगह
सच, ज़रा ध्यान चूका कि गिरा
ज्ञान-धन यूँ ही!!
रह गयी रिक्तता की कठोर भर्त्सनामयी
वेदना एक!!
मुझको शंका—
सम्मुख जो आकृति दीख रही!!
वह आत्मा ही तो नहीं कहीं
उसकी मुख महिमा
        अब तक कैसी तप्तारुण,
पीले कपोल पर श्यामल पीड़ाएँ दारुण,
उसने भयंकर वंचना-व्यथाएँ बहुत सहीं।
मर गयी हाय, वह, द्युति रेखा
निष्कलुष युवा स्वप्नों में निर्मल अवतरिता
स्मितमुखी हृदय में संचरिता
वह कहाँ गयी?

दिन-रातें जिसकी तीव्र दृष्टि से विवेचिता
पल-क्षण जिसके भाष्यों से
जीवन के स्रष्टा
जीवन—जिसकी प्रेरणा-व्यथा का वाहक था
उसकी महिमा सब बिला गयी,
किसने उसकी हत्या कर दी?

23

ज्यों कोई चींटी शिला-लेख पर चढ़ती है
अक्षर-अक्षर रेंगती—
नहीं कुछ पढ़ती है,
त्यों मन
भीतर के लेखों को छू लेता है
बेचैन भटकता है, बेकार ठिठकता है
पर, पकड़ नहीं पाता उसके अक्षर स्वर!!
....
एकदम हो गयी भीतर की मंज़िल ख़ाली
अवसन्न शिथिलता उदास सूनापन जाली
अज्ञात जाल में उलझ फँसा मैं बेमानी
मैंने तब अपने साथी का देखा चेहरा
वह होता जाता था दुहरा
ब्रह्माण्ड-ज्ञान कहने को मानो उद्यत हो।

24

गम्भीर श्याम तूफ़ानी बादल टूट पड़ें
फट पड़ें,
और बादल के धुँधले-से सफ़ेद
अनगिनत सूत, अनगिनत तार
तन जाएँ और झूलने लगें
तब गिर पड़े, घर टूट जाएँ
उड़ जाएँ टीन-टप्पर
व तार खम्भे उखड़

उस ज़ोर-शोर का गरबीला
श्यामल भस्मीला ध्वंस-दृश्य
देखती हुई
ये डरी हुई
आँखें ठिठकें फिर भटक जाएँ,
मन अटक जाय फिर कहीं-कहीं
त्यों भीति-पूर्ण पर अद्वितीय उस ध्वंस दृश्य
पर मन्त्र-मुग्ध
हाँ, मन्त्र-मुग्ध
मन चण्ड दृश्य पर लगा रहे
यों जगा रहे—
त्यों उस सहचरी मित्र-प्रवर
के बुद्धि-विवर में से उभरे सौ भव्य तर्क
तीखे विचार, जिनके बल के फलस्वरूप, सच
मेरे प्रमाण मेरे प्रमेय
सब ज्ञात ज्ञेय उद्ध्वस्त दिखे
सब ओर भग्न
ध्वंसावशिष्ट निष्कर्ष और
है छिन्न-भिन्न उपपत्ति-युक्ति
—सब खँडहर है
मैं देख रहा निरपेक्ष भाव से ढूहों को
अपने विचार के छिन्न-भिन्न उन व्यूहों के
है खण्ड-खण्ड मेरा जीवन
जिसका विपन्न स्वर है
गीले उदास ईंटिया रंग
खँडहर में
अति भीम भयानक पेड़
दानवी जड़ें
भूमि की आँतों में फैला करके
जो खड़ा बढ़ा उद्दण्ड दीखता है
त्यों मैं भी तो
पकड़े हूँ भूलों की ज़मीन मज़बूती से

यों तना खड़ा
अपनी छाँहों में पत्थर कई डाल रक्खे
देवता बना!!
गेरुए!!

25

कमरे के भीतर कमरे हैं,
परदों के भीतर परदे हैं,
जो सबके अन्दर ठीक केन्द्र में बैठा है,
वह एक बड़ा अफ़सर है, उसकी सत्ता है।
आतंक बहुत
उसके दिमाग़ में गुपचुप जो कुछ चलता है
वह सरकारी गुप्तता-नियम के अन्तर्गत
अनकहा रहेगा आख़िर तक, हाँ आख़िर तक।

26

वह दुष्ट मित्र अब आगे है।
भुतही ज़ंजीरों-बँधा, बेसधा,
पीछे-पीछे हूँ।
मैं घनी भाप के गरमीले
फ़व्वारों में ही ढँका-मुँदा
जल रहा, जल रहा हूँ!!
या आसमान में, घने बादलों की घुँघराली लहरीली
थाहों में से निकला उभरा
उड़ रहा, भटकता हूँ
नीचे ऊपर होता व टूटता-जुड़ता हूँ।
माथे के भीतर ज़हरीले कुछ उठे फफोले-से
वे दर्दीले उभरे कोने अनबोले-से...
इतने में उसने हाथ पकड़ मुझको झकझोरा
आ गया ठिकाने मन सन्नाते तारों पर
मैं जीवित हूँ
ये हाथ-पैर सब ठीक-ठिकाने साबित हैं

इतने में एक दृश्य तैरा

....

काठ के पैर

ठूँठ-सा तना

गाँठ-सा कठिन गोल चेहरा,

लम्बी उदास लक्कड़ी डाल-से हाथ क्षीण

वह हाथ फैल लम्बायमान,

दूरस्थ हथेली पर अजीब

घोंसला

पेड़ में एक मानवी रूप,

मानवी रूप में एक ठूँठ

सच या कि झूठ?

घोंसला उलझकर बदहवास

बेबस उदास

क्यों लटक रहा झूलकर?

मैं काँप उठा वह दृश्य देख

यह असन्दिग्ध, वह मैं ही हूँ

मैं वही ठूँठ, यह निर्विवाद!!

यदि यह सच तो

उद्दण्ड अहं

यानी कि पेड़ ने दिया तोड़

वह नीड़ स्वयं!!

घोंसला तोड़ने का अपराधी कौन?

पेड़ ही ख़ुद!!

तूफ़ानों का न उसमें दोष

क्योंकि वे अचेतन, अन्ध, प्रजड़!

वह उग्र प्रभंजन-मात्र निमित्त-हेतु-कारण

अपराधी मैं स्वयं असाधारण।

सूखता न मैं

बनता न ठूँठ

यदि पत्राच्छद-आश्रित रखता सबको समस्त
निज शाखाओं के सबल सहारे समाश्वस्त
अत्यन्त सुरक्षित रखता यदि घोंसला
तो तोड़ताड़ का यह अजीब सिलसिला
टूटता खुद!!
किन्तु इन मूलों ने
पृथ्वी से रस न सही खींचा
रवि-किरणों से पूरी न शक्ति खींची
अर्थात् ठूँठ बन गया
तब गिरे नीड़
विध्वंस हुआ
क्या करूँ!!

पर मेरे सम्मुख प्रश्न नाच उठता
यदि मूलों में पानी न पहुँच पाय
यदि शाखाएँ पूरी न शक्ति खींचें
तो मुझ-जैसे निर्बल का
जितना भी दायित्व
कहाँ तक अनन्त है!!
मैं खुद मर-मरकर जिया।
अँधेरे कोने में एकान्त
न जाने किस मास्टर की डाँट पड़ रही है
"जितना भी किया गया
उससे ज़्यादा कर सकते थे।
ज्यादा मर सकते थे।"
अब काँट-छाँट की बाट हर घड़ी है।

चम्बल की घाटी में

चिन्ता हो गयी, कविता को पढ़ते ही,
उसमें से अँधेरे का भभकारा उमड़ा;
तिलमिला, आत्मा
प्रतिक्रिया करती हुई
चित्रमयी अजन्ता की गुहा जैसी होती गयी।
और, फिर पीड़ाएँ वे इतनी बढ़ीं,
मेरी हर बुद्धाकृति
बेचैनी में
दीवारों से नीचे आ
घूमने-भटकने लगी चिन्तारत,
चक्कर लगाने लगी
प्रांगणों,
अँधियारे दालानों में।
इतने में उसको ही काटता-सा
उपहास करता हुआ,
दूर किसी जंगल में, ज़बर्दस्त
गूँज उठा ठहाका।

2

कटे-उठे पठारों का, दर्रों का
धँसानों का बियाबान इलाक़ा,
गुंजान रात,
अजनबी हवाओं की तेज़ मार-धाड़,
बरगदों बबूलों को तोड़-ताड़ फाड़,
क्षितिज पर अड़े हुए
पहाड़ों से छेड़-छाड़
नहीं कोई आड़,

मद्धिम चाँदनी में, हवाओं के हमलों में, मैं
अधखुले रहस्यों में, टीलों के बीच
जाने किस फ़िक्र में घूम रहा हूँ;
कौन-सा है ज़िक्र?
इतने में लगता है हवाएँ ये तेज़
सितारों के बीच-बीच अँधियारे स्याह
फ़ासलों से चल
अजीबोग़रीब किसी टोह में रह
यहाँ की ज़मीनों को
सूँघने टटोलने को
पहुँचीं।

अचानक जाने किस चेतना में डूब
उर में समाये हुए अपने तलातल
टटोलता हूँ...
क्या कहीं मेरा अपराध?
मेरा अपराध?

इस-उस ज़माने के धँसानों में से
उमड़ते हैं अँधेरे के मेघ,
मैं एक थमा हुआ मात्र आवेग,
रुका हुआ एक ज़बर्दस्त कार्यक्रम,
मैं एक स्थगित हुआ अगला अध्याय
अनिवार्य,
आगे ढकेली गयी प्रतीक्षित
महत्त्वपूर्ण तिथि,
मैं एक शून्य में छटपटाता हुआ उद्देश्य!!

मुझे अफ़सोस है गहरा,
बर्फ़ है दिल, और स्याह है चेहरा,
सदियों की ख़ून-रँगी भूलों के
क़िस्सों का क़िस्सा,
मेरी अन्तरात्मा का अंश,

मेरी ज़िन्दगी का हिस्सा!!
लगता है—लगातार चला आया इतिहास
मेरे सिर चढ़कर
घुमाता है मुझे आज
टीलों के मुल्क में आगे बढ़-बढ़कर।
बियाबान रात,
ज़रूर कहीं कोई होगी आज वारदात,
भयानक बात!!

अचानक दिमाग़
उलट-पुलट होता है। अँधेरा ख़याल
भभकता है...
लगता है मेरे इस पठार पर
ये जो गोल
टीले व पत्थरी उभार
उनमें विचित्र
कटी-पिटी निजत्व-रेखाएँ
व्यक्तित्व-रेखाएँ...!!
ज़िन्दा हैं सच,
जीवित अभी तक।

हो न हो,
बीते हुए ज़माने में ये
मनुष्य थे सब।
सम्भव है, ज्ञानी और त्यागी रहे हों...
पर, किसी पुराचीन कथा अनुसार
कोई यातुधान
(कोई जादू-दाँ
इन्हें खींचकर
सहस्र आकर्षण-जालों में इन्हें रुद्ध कर
प्रलोभन-सूत्रों में इन्हें बद्ध कर
शिला-रूप दे गया,

कर गया क़ैद;
और, ये भी ख़ुशी-ख़ुशी चट्टान हो गये
तिकोने या गोल
चपटे व पिद्दी तो कइयों की गरबीली नाक
अभी तक उठी हुई निकली है ख़ूब!!)

हाय हाय, शायद है, स्याह जादू-दाँ
(यातुधान) ज़िन्न,
यहीं कहीं घूमता हो अब भी।
छुपे-छुपे करता है पार
अँधियारे दर्रे,
नदियों की धार।
चला जा रहा है वह कोई छाया-रूप...
वह कोई स्याहपोश।

भयानक बेकली
उस जादूगर का छिपा घर खोजने
अजीब उतावला
इतना कि खुद को ही लिये-लिये
चला जा रहा हूँ...
पठारों पर, धँसानों में, दर्रों में।
(अँधियारे सूने में
भयानक तसवीरें झलमलाती रहतीं)
चला जा रहा हूँ
सूखे हुए झरने की पथरीली गली में,
भयानक गुहाओं में घुसता हूँ काँप कर,
मन मार
उतरता हूँ गड्ढों में, खोहों के तले में।

और, यह सोचता हूँ
गुहाओं में जाने के बियाबान
रास्ते पर, कहीं पर,
शायद है, मुझे मिल जाएँगे

गड्ढों में (पत्थरों से ढँके हुए) रत्नकोष,
उस जादूगर ने जो उड़ाये थे
चुपचाप छुपा दिये
ख़तरनाक समझकर
(हाँ, कुछ चेतना-दीप्तियाँ
ऐसी भी होती हैं, जिनसे
ख़तरा है उसको)

कगारों-कटानों पर सावधान सरक कर
झरबेरी-झुरमुट के पास थक बैठता कि
देखता हूँ
झुरमुट में हलचल काँपती
कोई साँप पहाड़ी
निकलकर भागता है लहरीली गति से,
मानो मेरी कविता की कोई पाँत
मुझसे ही भयभीत
भाग जाना चाहती;
मैं उसे देखता हूँ बहुत-बहुत ध्यान से...
अब उसके पीछे-पीछे चल रहा सावधान
उस त्वरा-लहर का पीछा कर रहा हूँ।
और तब...और तब
पहुँचता हूँ
चौड़ी एक पथरीली घाटी में चुपचाप।

चट्टान-बिखराव, अँधेरे में धुँधला,
कटा-पिटा, कटा-पिटा
फैला है सभी ओर।
पानी नहीं कहीं भी,
कहीं भी पानी नहीं।
और, तब अचानक
कोई चीख़ कहता—
"अब तक अथाह जो भरी-पुरी नदी थी,

वही आज
अपनी ही घाटी में डूब मरी!
चम्बल के (यहाँ आ) पैर उखड़ गये;
तुमने बहुत देर की,
तुमने बहुत देर की,
पानी की खोहें और थाहें सब सूख गयीं,
तले सब फट गये,
दरारों में प्यास भर गयी है,
भूख-भरी गहराई खुली पड़ी कब से
जाने कब से।"

थकी हुई परेशान निगाहें
फेंकता हूँ सभी ओर,
दूर कहीं आसमान-कोने में धुँधले
तारों के कुहरीले फैलाव
और, बीच-बीच में अँधियारी जगहें
जिनके असीमों में घूमती
ज्योति की कोई कटी उँगली।

एकाएक भान–
असम्भव, इस पूरे क्षेत्र में सब लोग
मारे जायँ, मर जायँ, असम्भव;
भले ही उजाड़ और
चाहे जितनी जन-हीन
लगे यह पूरी भूमि,
कुशल व चाहे जितना बलवान्
वह यातुधान हो,
लोग अभी ज़िन्दा हैं, ज़िन्दा!!
यहीं कहीं, वे भी।

लेकिन, यह सच है कि
छलनाएँ असफल होते हुए देखकर
इन्द्रजाल त्याग, वह

खुलकर काम करे;
कभी-कभी सामने भी आ जाय,
दस्यु ही बन जाय,
हथियार-कारख़ाने चुपचाप
कायम करे, गिरोह बनाये और
आतंक फैलाये!!

अपने ही भावों की भयानक
प्रतिध्वनि सुनकर
रेंगती है बर्फ़ीली थरथर,
झुरझुरी दौड़ती है मेरी रग-रग में।

अजी, यह चम्बल-घाटी है, जिसमें
पहाड़ों के बियाबान
अजीब उठान और धँसान-निचाइयाँ
पठार व दर्रे
छोटी-छोटी दूनें
कँटीले कगार, और
सूखे हुए झरनों की
बहुत-बहुत तंग
और गहरी हैं पथरीली गलियाँ,
गोल-गोल टीले व खण्डहर-गढ़ियाँ...
बन्दूक़, कारतूस, छर्रे!!

कोई मुझसे कहता है—
"शान्त हो, धीर धरो,
और, उलटे पैर ही निकल जाओ यहाँ से,
ज़माना ख़राब है,
हवा बदमस्त है;
बात साफ़-साफ़ है,
सब यहाँ त्रस्त हैं;
दर्रों में भयानक चोरों की गश्त है।"

3

इतने में, सहसा
पथरीले झरने के पहाड़ी उतार पर
(साँय-साँय हाय के सीने में धड़ाके)
फूट पड़ी नारंगी, कत्थई गेरुई ज्वाला
लाल-लाल चादरें,
सिन्दूरी झण्डियाँ,
सुनहली पताकाएँ फरफरा रही हैं।
और आसमान में
कत्थई गेरुए धूएँ की बड़ी-बड़ी लहरें
तैरती हैं हवा में।
चिनगियों-भरा झार
                दूर-दूर चला तैर
दूर-दूर जा रहा।
हाँ, वहाँ
        एक गाँव, दहक रहा
            ग़रीबों का गाँव एक,
                    बिना ठाँव!!
ख़तरनाक लूट-पाट, आग, डकैतियाँ
चम्बल की घाटियाँ!!

वहीं कहीं मैं भी
हाय-हाय करते हुए, भाग चले लोगों में भागता,
गठरी है सिर पर,
कन्धे पर बालक,
फटे हुए अँगोछे से बँधी हुई
बच्ची है कसी हुई पीठ पर,
बोझ है कई मन;
यों मेरी कविता है बिना-घर
बिना-छत गिरस्तिन,
जिसमें कि मेरा भाव
ज्वलन्त जागता

जिसे लिये हुए मैं
देख रहा ज़माने की गयी परिपाटियाँ,
चम्बल की घाटियाँ!!

4

अजीब है!!
सामने ही, तिकोनी पहाड़ी के सिर पर
गोल स्याह खुरदुरा
बहुत बड़ा सिफ़र एक
लेटा है ख़ामोश,
मानो वह स्वयं कोई बहुत बड़ा शीश हो
कोई शिला-पुरुष हो,
विलक्षण स्वत्व वह,
गहन निजत्व वह,
टूटकर गिरे हुए तारे का बुझा हुआ हिस्सा,
मानो कोई बहुत पुराना-सा भूला हुआ क़िस्सा,
जिसमें से निकलते हैं काँपते-से स्वर कुछ
सचमुच—
"प्रस्तरीभूत मैं गतियों का हिम हूँ,
बीच ही में टूट गया कोई पराक्रम हूँ,
चट्टानी-टीलों की जमी हुई तह से
दुनिया की पाषाणीभूत सतह से
सामंजस्यों के कठघरे में खुद
संगति-बद्ध ही रहने की है ज़िद
परन्तु, सन्तुलनात्मक स्थितियाँ
जैसी कि वे हैं
छिः हैं, थूः हैं, हेः हैं।
ख़यालों की, सोच-विचारों की जाँत
अँधेरे में चलती
अज्ञात हाथ ही घुमाता है उसको,
किसी मशीन का पुरज़ा है वह भी,
आदत, आदत, आदत,

दिल व दिमाग़ की, रूह की आदत!!
ख़ुद के बनाये ये सभी शिकंजे
उनके पंजों से छुटकारा हो अब।
प्रकाण्ड अनबन,
निज से ही संघर्ष,
चाहिए मुझको दीप्त अनवस्था
इतनी कि स्वयं ही टूटकर
शून्य गगन में
ब्रह्माण्ड-धूल के परदे-सा बन जाऊँ,
फैल जाऊँ, तन जाऊँ!!
उरःपटल पर
सहज झलमलाएँ
सुदूर-आकाश-यात्री की किरनें;
और मैं उनका गुरुत्व-आकर्ष,
चुम्बक शक्ति,
ब्रह्माण्ड-अनुभव हृदय में पा सकूँ
सीख सकूँ विराट गतियाँ!!"
मैं उस वाचाल टीले के आस-पास
उगी हुई ऊँची-ऊँची गीली-गीली
घास में छुपा हुआ हतश्वास
पाता हूँ—पत्थरनुमा वह कोई मन
पाषाणी नेत्रों में व्रण हैं, व्रण...
ख़ून बहाते-से आँखों के घाव,
घावों में सचाई की किरकिरी
कसकती!!
कसकते हैं ख़ून-भरी आँखों में सत्यों के अणु-रेणु
दुखते ही रहते,
दिख नहीं पाते हैं,
दिख नहीं पाते,
पर, कुछ उनकी ही पीड़ा की बुनियाद पर ही
खड़ा किया गया एक ढाँचा,
एक फ़िलॉसफ़ी,

अपनी ही आँखों में चढ़ने का गोल-गोल ज़ीना,
दिल सहलाने की ख़ुशनुमा तरकीब,
पाषाणत्व अलंकृत करने की विधियाँ!!
(क्या वह कोई नया मसीहा?)

फिर भी, यह सच है
आँय-बाँय-शाँय के सिवाय भी उसमें,
ख़ुदग़र्ज़ हाय के सिवाय भी उसमें
कुछ तेजस्क्रिय
सत्यों के अणु हैं,
पाषाणी ढाँचे के पत्थरी पुरज़ों में जकड़े
रत्नों के कण हैं,
ऐसी जो अँधेरे में पड़ी हुई
किरनों की गुत्थी
चिलकती-लौंकती,
कहती है—
"हमने तो पहले भी कहा था।
पर, तुम
अनसुनी करते हो आदतन!"
किन्तु, वे जड़ता के पंजे
अपनी ही स्थितियों का औचित्य
करते हैं स्थापित;
विशेष दृष्टि से चरित्र-विश्लेष
निज-इतिहासिक-विवरण
प्रस्तुत करते हैं,
न्यायोचित वे बताते हैं निज को,
(अनसुनी करते हैं आत्मा की आवाज़)

परन्तु, भीतरी भास्वर
फँसे हुए मणि-गण
संवेदनाओं की धाराओं द्वारा
करते हैं आघात,

पल-भर चैन न देते हैं
मिट्टी के कणों को।

मिथ्या का (उर में) परम्परा-क्रम;
भूलें करने की मशीन वह जो
चोट खा जाती तो हकलाने लगती,
इतने में तथ्यों को और-और
उघार रखती हैं रत्नों की किरनें
झोल पड़ जाता है पत्थरी दिल में।

परन्तु, सहसा, विचित्र परिणाम,
दृश्य बदलता!!
तारा-द्युतियों के आकाश नीचे ही,
बियाबान अँधेरे के गुंजान तल में
प्रचण्ड पाषाण
मेरा यह टीला
अन्तर-विवरों के केन्द्रों में भीषण
भभककर...
अग्निमान
अचानक अग्निमान!!
अन्तर-ब्रह्माण्ड
स्याह लकीरों से कटा-पिटा, लेकिन
देदीप्यमान है पूरा का पूरा!!

(परन्तु, यह भी तो सच है कि ऐसी
समस्त अग्नियाँ, अकेले में जलती हुई
करती हैं अपनी ही
ऐसी की तैसी!!
क्या यह सच नहीं!!)

5
पहाड़ी इलाक़ा,
सामंजस्य है सूखा शिलीभूत;

भूख है दिल में,
दिमाग़ को फ़ाक़ा।
झूठी हैं बुद्धियाँ,
सब आत्मशुद्धियाँ झूठीं,
साझे हैं ख़तरनाक,
समझौते भयानक, बदरंग ख़ाक़ा।
पहाड़ी इलाक़ा!!
इतने में अँधियारा आसमान फाड़ता-सा
कोई कहीं चीख़ा,
कोई कहीं चीख़ा!!

अघट है घटना...
अँधेरे में अनदिखे रास्ते से कोई आ
टीले के दुःख-भरे
कमज़ोर सीने पर सहसा
पहाड़ के बोझे-सा बैठता।
टूटती जा रहीं पसलियाँ क्रमशः,
सुई की नोकों-सी बारीक
थरथरी गहरी।

इतने में, भीतरी हिस्सों से उठकर
वेदना कहती—
"ओ मेरे भयानक पत्थरी
शिकंजो,
उनमें फँसे हुए रत्नो,
मूर्ख हो दोनों
तुम्हारे जो सीने पर सहसा आ बैठा
वह एक भयानक डाकू है,...समझे!!
डाकू है डाकू!!"

सुनते ही, टीले की छाती में गड्ढा-सा पड़ गया,
ख़ुद की ही हड्डियाँ
जलने की झार-सी आ गयीं,

ख़ून टपकता है भीतरी घर में।
हाय...
महाकाय दस्यु
नाटा है, काला है, मोटा है, जंगली
बिखरी है दाढ़ी,
कन्धे-से लटका
सीने पर कारतूस-पट्टा!!
हाथ में रॉयफ़ल!
क्रोधी है बन्दूक़,
देख रही वह तो
दूर वहाँ, दूर वहाँ
सिन्दूरी, गेरुए, ज्वाल-भरे गाँव के
दहक रहे हिस्से,
देख रही बन्दूक़
भीतों पर चढ़ रहीं लपटें,
अनाज के बड़े-बड़े
ढेरों पर नाचते हैं सुनहले भूत; और
घास-गंजियों पर
केशरी ज़िन्न के लाल-लाल तुर्रे
फरफरा रहे हैं गेरुए परदे;
खपरैलों-चढ़ी-हुई
सिन्दूरी जीभों की लहरें।
यहाँ वहाँ, यहाँ वहाँ
चीज़ों में लगी हुई।
ज्वाला की झालरें रंगीन
किसी काले खम्भे ने पहनी हैं अंगारी पगड़ी।
दबककर पीछे हट,
और-और पीछे जा,
गोल क़तार में खड़ा हुआ अँधेरा
धुँधला-सा फ़ीका-सा पड़ रहा हर बार।
लाल-लाल उजाले में खड़े हुए
ख़ून-सने पेड़

अँधेरे में खड़े हुए पेड़ों को देखते हैं भयभीत।
डाकू के हाथों में अँधियारी बन्दूक़
देख रही वारदात,
अपनी ही करामात।

एकाएक टीले के सामने
उठ खड़े होते हैं सवालों के बड़े-बड़े ढूह;
ढूहों पर खड़े हुए
अँधियारे इरादों के धड़
इशारों से करते हैं
किन्हीं स्याह सतहों की बात—
पृथ्वी पर कहीं पर
उदार चेतनाध्यक्ष की हत्या,
आत्माध्यक्ष का ख़ून,
कोई वारदात,
ऐसी कि जल उठे
दुनिया का सिर, पैर, हाथ
सामने दीखे—
उलझनों, प्रश्नों के ठूँठ!!
ठूँठों की सूखी हुई
डालों पर, दानवी
किसी बदनीयती के सावधान गिद्ध
जिन्हें देख
याद आतीं खुर्राट निगाहें
दाँव-पेंच, झगड़े, व युद्ध!!

टीले के सीने में, भभककर, अड़ता है
ज़िद-भरा कोई मज़मून
सन्नाकर मारता है तेज़-तेज़
व्यंग्यों की ईंट,
भीतर का दूसरा हिस्सा भी
चुप नहीं है

भीतर का दूसरा पक्ष भी
चुप नहीं है,
फैलाता आग-भरे हमलों की धूम,
तड़ातड़ टकराने लगती हैं
विचारों की लाठियाँ
हवाओं में घूम!
ख़यालों की मुँडेरों से ज़ोरदार
पत्थरी ख़ूब बौछार।
भयानक दंगा है
भीतरी हिस्सों में तेज़,
फेंककर मारी जाती कुरसियाँ
माथों को तोड़ती है मेज़,
विधानों की अन्तःसभाओं में
वारदातें सनसनीख़ेज़!!

सवालात, सवालात, सवालात
अपने ही गोरे-गोरे चेहरे को
ख़ूब मार बैठते हैं
अपने ही काले-काले हाथ!
सूझ-बूझ
जूझ-जूझ पड़ती।
इसीलिए, ख़ुद के हाथ और
चेहरा भी लगता है ग़ैर,
जिन्हें देख
भाग खड़े होते हैं लाख-लाख
धीरज के पैर!!
अपने ही पाले हुए ख़यालों की
बड़ी-बड़ी मंज़िलें खड़ी-खड़ी जलतीं,
ज़हरीली गैस उगलती है ग़लती,
भयानक हुई जातीं
ज़िन्दगी की सड़कें...
टूट-फूट टूट-फूट, सब अस्तव्यस्त,

टीले के वक्ष में सब कुछ ध्वस्त,
किन्तु यह स्पष्ट
प्रचण्ड है तथ्य,
अखण्ड है ढाँचा,
पाषाणी कारा
दृढ़, ज़बर्दस्त!!

परन्तु, घबराये भीतरी अणुरेणु
पूछते हैं अपने अखण्ड से सहसा–
"ओ मेरे पाषाण,
ओ मेरे टीले,
आख़िर तू डाकू की कुरसी ही क्यों हुआ!!
क्यों उसने तुझको ही छाँटा और चुन लिया?
तुझ पर ही आख़िर
बैठ गया क्यों वह?"

सारे ही भीतरी अणुओं में तत्पर
बहस है, झगड़ा है
ठीक इसी बात पर!
क्या कहें, किसे कहें!!

ठीक, इसी बीच
दौड़े चले आते हैं
ताज़ी-ताज़ी हवाओं के हज़ारों बहाव
ज़ोरदार,
लाख-लाख आँखों से दुनिया को देखता
व थाहता स्वभाव एक अनिवार!!
उसकी हर लहर में बारीकियाँ,
और, हर बारीकी का एकाएक
निर्णायक हस्तक्षेप,
ऐसा हस्तक्षेप कि मानवानुभव सब
अकस्मात् प्रबुद्ध अंगारों को लिये, नयी
विशद विशाल किसी

भूमिका में बँध जायँ,
अपार प्रकाशमय व्याख्या में सध जायँ,
और हर नज़र में नया पहलू निकल आय,
और, मन बदल जाय।

ऐसी है वह हवा, जिसकी हर
लहर में आत्मा की सहस्र–
–धाराओं का वेगवान् स्पर्श,
और, उस स्पर्श में
मानवेतिहासों के घूमते-भटकते हुए
अंगार-वर्ष,
दूर देश-देशों का दहत् जीवनानुभव,
विवेकों के प्रतिनिधि
किसी स्पष्ट लक्ष्य का छवि-उत्कर्ष!!

एकाएक वह हवा झूमकर
जाने किस प्रीति से भर
टीले के कपोलों को चूमती है रह-रह,
सहलाती उर।
पत्थरी ढाँचे में थरथरी
अश्रु-सी आर्द्र–
भीगा हुआ मन
        चला जाता किसी दूर देश
                ख़ामोश सिसकियाँ भरने।

स्वप्न...
अँधेरा है
नीली-काली सतह है पानी की सभी ओर,
और, उस सतह पर सर्वत्र
नक्षत्र...
लौ...लौ...लौ
दीप
तिर रहे, जा रहे दूर-दूर!!

टीले ने, स्वप्न से जाग,
कहा हवा से—
ओ, नभ-यात्री,
अगिनत प्रकाश-वर्षों की यात्राएँ दो मुझे,
व्यक्तित्वाघात तुम्हारा
ज्ञान का आघात
तड़ित्-प्रहार-सा प्राप्त हो ऐसा कि
पाषाणी अणु-रेणु
भभकें व उड़ जाएँ,
जा बसें नक्षत्रों में ही सहसा।
ज्वलन्त अनुभव
ऐसा कि विद्युत्-धाराएँ झकझोर
ज्ञान को वेदना-रूप में लहराएँ
ज्ञान की पीड़ा
रुधिर-प्रवाहों की गतियों में
परिणत होकर
अन्तःकरण को व्याकुल कर दे
ऊँचे-से-ऊँचे संशोधनों की
अग्नियाँ दहकें,
आत्यन्तिक शत अनवस्थाएँ,
गतिमय सामंजस्यों का व्यापक
क्रमशः विकसन,
पुनः संगठन, पुनः परीक्षा, पुनः प्रवर्तन,
पुनरपि परिणति
ऐसी गतिमय संगतियों की पीड़ाएँ दीजिए
परन्तु, पहले
पत्थरी ढाँचे से छुटकारा मिल जाय।

अपनी ही धारा में बहता चला गया
वह दृषद्-आत्मा—
पत्थरी ढाँचे में क़ैदी हैं हम सब,
...लेकिन
अपने समाज में अकेला हूँ बिलकुल,

मुझमें जो भयानक छटपटाहट है
नहीं वह किसी में,
इसलिए, अपना ही श्रेणीगत
साम्य है जिनसे,
उनसे ही गहरा है विद्वेष—
विरोध, विरोध, विरोध!
किन्तु, जो दूर हैं,
अलग, पृथक् हैं,
जो अति भिन्न हैं
मित्र हैं वे ही;
परन्तु, शत-गुण-धर्म जो उनके
ले नहीं पाता हूँ चाहने पर भी।

विचित्र स्थिति है,
दुःखान्तक यह प्रभीम नाटक
हर एक पल नव उद्घाटनों को
नवीन दृश्यों को प्रस्तुत करके
काटता भीतर।
अब यह नयी एक आफ़त
सीने पर जम गयी।
दस्यु के देह की चट्टान
बैठी है उर पर।
टूट रहे फुफ्फुस!!
क्या करूँ!!

थम गयी टीले की काँपती आवाज़।
क्षितिज पर भूरे व काले-से बादल
घने-घने, बिखरे
रज़ाई के चिथरे!!
(दर्द है ख़ामोश)

खड़ी-खड़ी सुनती थी यह सब,
पवन की लहरें,

क्या कहें, कैसे कहें!!
समझाने पर भी
क्या मानेगा टीला!
नहीं, नहीं!!
परन्तु, कहना ही होगा,
कहना ही चाहिए!!

पवन ने फैलायीं बाँहें,
सहलाया दृषद् के घबराये उर को,
परन्तु, वाणी में हिम था,
कठिन, नुकीली चोटों का क्रम था।

कहा—
छाती पर तुम्हारे
अकड़कर ठाठ से
बैठी जो डाकू की चट्टानी मूरत,
तुम्हारी ही फैल-मुटाई हुई सूरत,
तुम्हारी ही आकृति।

अँधेरे में रहता था अब तक छिपा हुआ
जो निज-सन्दर्भ,
जो निज-सम्बन्ध,
जो गुप्त प्रक्रिया गहन निजात्मक
वह देह धरकर
दस्यु-रूप
बैठ गयी उर पर।

भीतरी दर्रों के अँधेरे में चलते हैं पैर,
इतने कुछ ओझल
कि जान नहीं पाते हैं हाथ;
इतने कुछ गुप्त
कि जान नहीं पाता है मुख,
वहाँ, किसी पाताली थाह में

समझौते... और
साझे हैं चुप,
ठीक उन्हीं से कि
जिनसे विरक्ति
जिनके प्रति रहा आया
भीतरी विरोधों का ज़ोर!!

आदतन
हाँ, हाँ, इरादतन,
बुराई की उपेक्षा
अपने ही कारण,
जिसको कि अनदेखा
करते ही रहने का धन्धा है तुम्हारा,
उसको बढ़ाने में तुम्हारा भी योग है।
पाताली समझौता उसी से है गहरा।
ऐसी उन भयानक गतियों का कारक
अस्तित्व
स्वयं है
तुम्हारे निजत्व का
बृहत्तर स्मारक।

शिलीभूत भूमि से
सामंजस्यों का घनीभूत जितना
यत्न है तुम्हारा,
उतनी ही बंजर बनती है दुनिया,
उतनी ही ज़िन्दगी उजाड़ बनती।
उतनी ही दृढ़ है पाषाणी कारा।
ऐसे ही सामंजस्यों की वह जो,
दुष्ट व्यवस्था की वह जो
प्रतिनिधि-मूर्ति,
तुम्हारे ही उर पर
दस्यु की चट्टानी आकृति बनकर

दबंग रौबीले ठाठ से बैठी,
छाती पर चढ़ी हुई वह दुष्ट सत्ता
मात्र बृहत्कृत बिम्ब है तुम्हारा,
तुम्हारे स्वरूप का मूर्त महत्कृत
रूप है वह तो।

दस्यु-पराक्रम
शोषण-पाप का परम्परा-क्रम
वक्षासीन है,
जिसके कि होने में गहन अंशदान
स्वयं तुम्हारा,
इसीलिए, जब तक उसकी स्थिति है,
मुक्ति न तुमको।
याद रखो,
कभी अकेले में मुक्ति न मिलती,
यदि वह है तो सबके ही साथ है।

मेरी सलाह है—
लुढ़को (मैं तुम्हें देता हूँ धक्का,
गति और वेग)
वक्षासीन उस दस्यु को लेकर
लुढ़कते चले जाओ
पहाड़ी उतार पर,
(वह पीस जाएगा)
गोल-गोल वेग के पथ पर
बाधा से टकरा उछलोगे सहसा,
टूटकर बिखरोगे खाई में अँधेरी।
और, उस गहन तलभूमि में अपना
—मूल्यों का विस्तार—
मैगनीज़, फ़ॉल्स्पार,
नायट्रेट, .फ्लु ओरिन
क्वार्ट्ज़

खोलकर रख दो;
क्योंकि वहाँ भी
लोग चले आएँगे
बीनकर, सब उठा ले जाएँगे।
अवश्य उपयोग होगा तुम्हारा।
अपने ही दर्रों के
लुटेरे इलाक़ों में ज़ोरदार
आज जो गिरोह हैं,
पीड़ित जनों को
जन-साधारण को उनकी ही टोह है।
पूर्ण-विनाश अनस्तित्व उनका
तुम्हारे निजत्व का चरम विकास है।
इसीलिए, ओ दृषद्-आत्मन्
कट जाओ, टूट जाओ।
टूटने से विस्फोट-शब्द जो होगा
गूँजेगा जग-भर;
किन्तु, अकेली की, तुम्हारी ही वह सिर्फ़
नहीं होगी कहानी!!

अँधेरे में

ज़िन्दगी के...
        कमरों में अँधेरे
        लगाता है चक्कर
        कोई एक लगातार;
आवाज़ पैरों की देती है सुनाई
बार-बार...बार-बार,
वह नहीं दीखता...नहीं ही दीखता,
किन्तु, वह रहा घूम
तिलस्मी खोह में गिरफ़्तार कोई एक,
भीत-पार आती हुई पास से,
गहन रहस्यमय अन्धकार ध्वनि-सा
        अस्तित्व जनाता
        अनिवार कोई एक,
और मेरे हृदय की धक्-धक्
पूछती है—वह कौन
सुनाई जो देता, पर नहीं देता दिखाई!
इतने में अकस्मात् गिरते हैं भीतर से
फूले हुए पलिस्तर,
खिरती है चूने-भरी रेत
खिसकती हैं पपड़ियाँ इस तरह—
ख़ुद-ब-ख़ुद
कोई बड़ा चेहरा बन जाता है,
स्वयमपि
मुख बन जाता है दिवाल पर,
नुकीली नाक और
भव्य ललाट है,

दृढ़ हनु,
कोई अनजानी अन-पहचानी आकृति।
कौन वह दिखाई जो देता, पर
नहीं जाना जाता है!
कौन मनु?

बाहर शहर के, पहाड़ी के उस पार, तालाब...
अँधेरा सब ओर,
निस्तब्ध जल,
पर, भीतर से उभरती है सहसा
सलिल के तम-श्याम शीशे में कोई श्वेत आकृति
कुहरीला कोई बड़ा चेहरा फैल जाता है
और मुसकाता है,
पहचान बताता है,
किन्तु, मैं हतप्रभ,
नहीं वह समझ में आता।

अरे! अरे!!
तालाब के आस-पास अँधेरे में वन-वृक्ष
चमक-चमक उठते हैं हरे-हरे अचानक
वृक्षों के शीश पर नाच-नाच उठती हैं बिजलियाँ,
शाखाएँ, डालियाँ झूमकर झपटकर
चीख़, एक दूसरे पर पटकती हैं सिर कि अकस्मात्—
वृक्षों के अँधेरे में छिपी हुई किसी एक
तिलस्मी खोह का शिला-द्वार
खुलता है धड़ से
......
घुसती है लाल-लाल मशाल अजीब-सी,
अन्तराल-विवर के तम में
लाल-लाल कुहरा,
कुहरे में, सामने, रक्तालोक-स्नात पुरुष एक,
रहस्य साक्षात्!

तेजो प्रभावमय उसका ललाट देख
मेरे अंग-अंग में अजीब एक थरथर
गौरवर्ण, दीप्त-दृग, सौम्य-मुख
सम्भावित स्नेह-सा प्रिय-रूप देखकर
विलक्षण शंका,
भव्य आजानुभुज देखते ही साक्षात्
गहन एक सन्देह।

वह रहस्यमय व्यक्ति
अब तक न पायी गयी मेरी अभिव्यक्ति है,
पूर्ण अवस्था वह
निज-सम्भावनाओं, निहित प्रभावों, प्रतिभाओं की,
मेरे परिपूर्ण का आविर्भाव,
हृदय में रिस रहे ज्ञान का तनाव वह,
आत्मा की प्रतिमा।

प्रश्न थे गम्भीर, शायद ख़तरनाक भी,
इसीलिए बाहर के गुंजान
जंगलों से आती हुई हवा ने
फूँक मार एकाएक मशाल ही बुझा दी—
कि मुझको यों अँधेरे में पकड़कर
मौत की सज़ा दी!

किसी काले डैश की घनी काली पट्टी ही
आँखों पै बँध गयी,
किसी खड़ी पाई की सूली पर मैं टाँग दिया गया,
किसी शून्य बिन्दु के अँधियारे खड्डे में
गिरा दिया गया मैं
अचेतन स्थिति में!

2

सूनापन सिहरा,
अँधेरे में ध्वनियों के बुलबुले उभरे,

शून्य के मुख पर सलवटें स्वर की,
मेरे ही उर पर, धँसती हुई सिर,
छटपटा रही हैं शब्दों की लहरें
मीठी है दुःसह!!
अरे, हाँ, साँकल ही रह-रह
बजती है द्वार पर।
कोई मेरी बात मुझे बताने के लिए ही
बुलाता है—बुलाता है
हृदय को सहला मानो किसी जटिल
प्रसंग में सहसा होठों पर
होठ रख, कोई सच-सच बात
सीधे-सीधे कहने को तड़प जाय, और फिर
वही बात सुनकर धँस जाय मेरा जी—
इस तरह, साँकल ही रह-रह बजती है द्वार पर
आधी रात, इतने अँधेरे में, कौन आया मिलने?
विमन प्रतीक्षातुर, कुहरे में घिरा हुआ
द्युतिमय मुख—वह प्रेम-भरा चेहरा—
भोला-भाला भाव—
पहचानता हूँ बाहर जो खड़ा है
यह वही व्यक्ति है, जी हाँ!
जो मुझे तिलिस्मी खोह में दिखा था।
अवसर-अनवसर
प्रकट जो होता ही रहता
मेरी सुविधाओं का न तनिक ख़याल कर।
चाहे जहाँ, चाहे जिस समय उपस्थित,
चाहे जिस रूप में
चाहे जिन प्रतीकों में प्रस्तुत,
इशारे से बताता है, समझाता रहता,
हृदय को देता है बिजली के झटके
अरे, उसके चेहरे पर खिलती हैं सुबहें,
गालों पर चट्टानी चमक पठार की
आँखों में किरणीली शान्ति की लहरें,

उसे देख, प्यार उमड़ता है अनायास!
लगता है—दरवाज़ा खोलकर
बाँहों में कस लूँ
हृदय में रख लूँ
घुल जाऊँ, मिल जाऊँ लिपटकर उससे
परन्तु, भयानक खड्डे के अँधेरे में आहत
और क्षत-विक्षत, मैं पड़ा हुआ हूँ,
शक्ति ही नहीं है कि उठ सकूँ ज़रा भी
(यह भी तो सही है कि
कमज़ोरियों से ही लगाव है मुझको)
इसीलिए टालता हूँ उस मेरे प्रिय को
कतराता रहता,
डरता हूँ उससे।
वह बिठा देता है तुंग शिखर के
ख़तरनाक, खुरदरे कगार-तट पर
शोचनीय स्थिति में ही छोड़ देता मुझको।
कहता है—"पार करो, पर्वत-सन्धि के गह्वर,
रस्सी के पुल पर चलकर
दूर उस शिखर-कगार पर स्वयं ही पहुँचो!"
अरे भाई, मुझे नहीं चाहिए शिखरों की यात्रा
मुझे डर लगता है ऊँचाइयों से
बजने दो साँकल
उठने दो अँधेरे में ध्वनियों के बुलबुले,
वह जन—वैसे ही
आप चला जाएगा आया था जैसा।
खड्डे के अँधेरे में मैं पड़ा रहूँगा
पीड़ाएँ समेटे!
क्या करूँ, क्या नहीं करूँ मुझे बताओ,
इस तम-शून्य में तैरती है जगत्-समीक्षा
की हुई उसकी
(सह नहीं सकता)
विवेक-विक्षोभ महान् उसका

तम-अन्तराल में (सह नहीं सकता)
अँधियारे मुझमें द्युति-आकृति-सा
भविष्य का नक्शा दिया हुआ उसका
सह नहीं सकता!!
नहीं, नहीं, उसको मैं छोड़ नहीं सकूँगा,
सहना पड़े—मुझे चाहे जो भले ही।

कमज़ोर घुटनों को बार-बार मसल,
लड़खड़ाता हुआ मैं
उठता हूँ दरवाज़ा खोलने,
चेहरे के रक्त-हीन विचित्र शून्य को गहरे
पोंछता हूँ हाथ से,
अँधेरे के ओर-छोर टटोल-टटोलकर
बढ़ता हूँ आगे,
पैरों से महसूस करता हूँ धरती का फैलाव,
हाथों से महसूस करता हूँ दुनिया,
मस्तक अनुभव करता है, आकाश,
दिल में तड़पता है अँधेरे का अन्दाज़,
आँखें ये तथ्य को सूँघती-सी लगतीं,
केवल शक्ति है स्पर्श की गहरी।
आत्मा में, भीषण
सत्-चित्-वेदना जल उठी, दहकी।
विचार हो गये विचरण-सहचर।
बढ़ता हूँ आगे,
चलता हूँ सँभल-सँभलकर,
द्वार टटोलता,
ज़ंग-खायी, जमी हुई, जबरन
सिटकनी हिलाकर
ज़ोर लगा, दरवाज़ा खोलता
झाँकता हूँ बाहर...

सूनी है राह, अजीब है फैलाव,
सर्द अँधेरा।

ढीली आँखों से देखते हैं विश्व
उदास तारे।
हर बार सोच और हर बार अफ़सोस
हर बार फ़िक्र
के कारण बढ़े हुए दर्द का मानो कि दूर वहाँ, दूर वहाँ
अँधियारा पीपल देता है पहरा।
हवाओं की निःसंग लहरों में काँपती
कुत्तों की दूर-दूर अलग-अलग आवाज़,
टकराती रहती सियारों की ध्वनि से।
काँपती हैं दूरियाँ, गूँजते हैं फ़ासले
(बाहर कोई नहीं, कोई नहीं बाहर)

इतने में अँधियारे सूने में कोई चीख़ गया है
रात का पक्षी
कहता है—
"वह चला गया है,
वह नहीं आएगा, आएगा ही नहीं
अब तेरे द्वार पर।
वह निकल गया है गाँव में शहर में!
उसको तू खोज अब
उसका तू शोध कर!
वह तेरी पूर्णतम परम अभिव्यक्ति,
उसका तू शिष्य है (यद्यपि पलातक...)
वह तेरी गुरु है,
गुरु है...

3

समझ न पाया कि चल रहा स्वप्न या
जागृति शुरू है।
दिया जल रहा है,
पीतालोक-प्रसार में काल चल रहा है
आस-पास फैली हुई जग-आकृतियाँ

लगती हैं छपी हुई जड़ चित्राकृतियों-सी
अलग व दूर-दूर
निर्जीव!!
यह सिविल लाइन्स है। मैं अपने कमरे में
यहाँ पड़ा हुआ हूँ।
आँखें खुली हुई हैं,
पीटे गये बालक-सा मार खाया चेहरा
उदास इकहरा,
स्लेट-पट्टी पर खींची गयी तस्वीर
भूत-जैसी आकृति—
क्या वह मैं हूँ?
मैं हूँ?

रात के दो हैं,
दूर-दूर जंगल में सियारों का हो-हो,
पास-पास आती हुई घहराती गूँजती
किसी रेल-गाड़ी के पहियों की आवाज़!!
किसी अनपेक्षित
असम्भव घटना का भयानक सन्देह,
अचेतन प्रतीक्षा,
कहीं कोई रेल-ऐक्सीडेण्ट न हो जाय।
चिन्ता के गणित अंक
आसमानी-स्लेट-पट्टी पर चमकते
खिड़की से दीखते।
....
हाय! हाय! तॉल्स्तॉय
कैसे मुझे दीख गये
सितारों के बीच-बीच
घूमते व रुकते
पृथ्वी को देखते।

शायद तॉल्स्तॉय-नुमा
कोई वह आदमी

और है,
मेरे किसी भीतरी धागे की आख़िरी छोर वह,
अनलिखे मेरे उपन्यास का
केन्द्रीय संवेदन
दबी हाय-हाय-नुमा।
शायद तॉल्स्तॉय-नुमा।

प्रोसेशन?
निस्तब्ध नगर के मध्य-रात्रि-अँधेरे में सुनसान
किसी दूर बैण्ड की दबी हुई क्रमागत तान-धुन,
मन्द-तार उच्च-निम्न स्वर-स्वप्न,
उदास-उदास ध्वनि-तरंगें हैं गम्भीर,
दीर्घ लहरियाँ!!
गैलरी में जाता हूँ, देखता हूँ रास्ता
वह कोलतार-पथ अथवा
मरी हुई खिंची हुई कोई काली जिह्वा
बिजली के द्युतिमान् दिये या
मरे हुए दाँतों का चमकदार नमूना!

किन्तु, दूर सड़क के उस छोर
शीत-भरे थर्राते तारों के अँधियारे तल में
नील तेज-उद्भास
पास-पास पास-पास
आ रहा इस ओर!
दबी हुई गम्भीर स्वर-स्वप्न-तरंगें,
शत-ध्वनि-संगम-संगीत
उदास तान-धुन
समीप आ रहा!!

और, अब
गैस-लाइट-पाँतों की बिन्दुएँ छिटकीं,
बीचो-बीच उनके
साँवले जुलूस-सा क्या-कुछ दीखता!!

और अब
गैस-लाइट-निलाई में रँगे हुए अपार्थिव चेहरे,
बैण्ड-दल,
उनके पीछे काले-काले बलवान् घोड़ों का जत्था
दीखता,
घना व डरावना अवचेतन ही
जुलूस में चलता।
क्या शोभा-यात्रा
किसी मृत्यु-दल की?

अजीब!!
दोनों ओर, नीली गैस-लाइट-पाँत
रही जल, रही जल।
नींद में खोये हुए शहर की गहन अवचेतना में
हलचल, पाताली तल में
चमकदार साँपों की उड़ती हुई लगातार
लकीरों की वारदात!!
सब सोये हुए हैं।
लेकिन, मैं जाग रहा, देख रहा
रोमांचकारी वह जादुई करामात!!

विचित्र प्रोसेशन,
गम्भीर क्विक मार्च...
कलाबत्तूवाला काला ज़रीदार ड्रेस पहने
चमकदार बैण्ड-दल--
अस्थि-रूप, यकृत-स्वरूप, उदर-आकृति
आँतों के जालों से, बाजे वे दमकते हैं भयंकर
गम्भीर गीत-स्वप्न-तरंगें
उभारते रहते,
ध्वनियों के आवर्त मँडराते पथ पर।
बैण्ड के लोगों के चेहरे
मिलते हैं मेरे देखे हुओं-से,

लगता है उनमें कई प्रतिष्ठित पत्रकार
इसी नगर के!!
बड़े-बड़े नाम अरे कैसे शामिल हो गये इस बैण्ड-दल में!
उनके पीछे चल रहा
संगीन नोकों का चमकता जंगल,
चल रही पदचाप, ताल-बद्ध दीर्घ पाँत
टैंक-दल, मोर्टार, ऑर्टिलरी, सन्नद्ध,
धीरे-धीरे बढ़ रहा जुलूस भयावना,
सैनिकों के पथराये चेहरे
चिढ़े हुए, झुलसे हुए, बिगड़े हुए, गहरे!
शायद, मैंने उन्हें पहले भी तो कहीं देखा था।
शायद, उनमें मेरे कई परिचित!!
उनके पीछे यह क्या!!
कैवेलरी!
काले-काले घोड़ों पर ख़ाकी मिलिट्री ड्रेस,
चेहरे का आधा भाग सिन्दूरी-गेरुआ
आधा भाग कोलतारी भैरव,
आबदार!!
कन्धे से कमर तक कारतूसी बेल्ट है तिरछा।
कमर में, चमड़े के कवर में पिस्तौल,
रोष-भरी एकाग्रदृष्टि में धार है,
कर्नल, ब्रिगेडियर, जनरल, मॉर्शल
कई और सेनापति सेनाध्यक्ष
चेहरे वे मेरे जाने-बूझे-से लगते,
उनके चित्र समाचारपत्रों में छपे थे,
उनके लेख देखे थे,
यहाँ तक कि कविताएँ पढ़ी थीं
भई वाह!
उनमें कई प्रकाण्ड आलोचक, विचारक, जगमगाते कवि-गण
मन्त्री भी, उद्योगपति और विद्वान्
यहाँ तक कि शहर का हत्यारा कुख्यात
डोमा जी उस्ताद

बनता है बलबन
हाय, हाय!!
यहाँ ये दीखते हैं भूत-पिशाच-काय।
भीतर का राक्षसी स्वार्थ अब
साफ़ उभर आया है,
छिपे हुए उद्देश्य
यहाँ निखर आये हैं,
यह शोभा-यात्रा है किसी मृत-दल की।
विचारों की फिरकी सिर में घूमती है

इतने में प्रोसेशन में से कुछ मेरी ओर
आँखें उठीं मेरी ओर-भर,
हृदय में मानो कि संगीन नोकें ही घुस पड़ीं बर्बर,
सड़क पर उठ खड़ा हो गया कोई शोर–
"मारो गोली, दाग़ो स्साले को एकदम
दुनिया की नज़रों से हटकर
छिपे तरीक़े से
हम जा रहे थे कि
आधीरात–अँधेरे में उसने
देख लिया हमको
व जान गया वह सब
मार डालो, उसको ख़त्म करो एकदम"
रास्ते पर भाग-दौड़ धका-पेल!!
गैलरी से भागा मैं पसीने से शराबोर!!

एकाएक टूट गया स्वप्न व छिन्न-भिन्न हो गये
सब चित्र
जागते में फिर से याद आने लगा वह स्वप्न,
फिर से याद आने लगे अँधेरे में चेहरे,
और, तब मुझे प्रतीत हुआ भयानक
गहन मृतात्माएँ इसी नगर की
हर रात जुलूस में चलतीं,

परन्तु, दिन में
बैठती हैं मिलकर करती हुई षड्यन्त्र
विभिन्न दफ़्तरों-कार्यालयों, केन्द्रों में, घरों में।
हाय, हाय! मैंने उन्हें देख लिया नंगा,
इसकी मुझे और सज़ा मिलेगी।

4

अकस्मात्
चार का ग़जर कहीं खड़का,
मेरा दिल धड़का,
उदास मटमैला मनरूपी वल्मीक
चल-बिचल हुआ सहसा।
अगिनत काली-काली हायफ़न-डैशों की लीकें
बाहर निकल पड़ीं, अन्दर घुस पड़ीं भयभीत,
सब ओर बिखराव।
मैं अपने कमरे में यहाँ लेटा हुआ हूँ।
काले-काले शहतीर छत के
हृदय दबोचते।
यद्यपि आँगन में नल जोर मारता,
जल खखारता।
किन्तु, न शरीर में बल है
अँधेरे में गल रहा दिल यह।

एकाएक मुझे भान होता है जग का,
अख़बारी दुनिया का फैलाव,
फँसाव, घिराव, तनाव है सब ओर,
पत्ते न खड़के,
सेना ने घेर ली हैं सड़कें।
बुद्धि की मेरी रग
गिनती है समय की धक्-धक्।
यह सब क्या है?
किसी जन-क्रान्ति के दमन-निमित्त यह

मॉर्शल-लॉ है!
दम छोड़ रहे हैं भाग गलियों में मरे पैर,
साँस लगी हुई है,
ज़माने की जीभ निकल पड़ी है,
कोई मेरा पीछा कर रहा है लगातार।
भागता मैं दम छोड़,
घूम गया कोई मोड़,
चौराहा दूर से ही दीखता,
वहाँ शायद कोई सैनिक पहरेदार
नहीं होगा फ़िलहाल।
दीखता है सामने ही अन्धकार-स्तूप-सा
भयंकर बरगद—
सभी उपेक्षितों, समस्त वंचितों,
ग़रीबों का वही घर, वही छत,
उसके ही तल-खोह-अँधेरे में सो रहे
गृह-हीन कई प्राण।
अँधेरे में डूब गये
डालों में लटके जो मटमैले चिथड़े
किसी एक अति दीन
पागल के धन वे।
हाँ, वहाँ रहता है, सिर-फिरा एक जन।

किन्तु, आज इस रात बात अजीब है।
वही जो सिर-फिरा पागल क़तई था
आज एकाएक वह
जागरित बुद्धि है, प्रज्वलत् धी है।
छोड़ सिर-फिरा पवन,
बहुत ऊँचे गले से,
गा रहा कोई पद, कोई गान
आत्मोद्‌बोधमय!!
ख़ूब भई, ख़ूब भई,
जानता क्या वह भी कि

सैनिक प्रशासन है नगर में वाक़ई!
क्या उसकी बुद्धि भी जग गयी!

(करुण रसाल वे हृदय के स्वर हैं
गद्यानुवाद यहाँ उनका दिया जा रहा)

ओ मेरे आदर्शवादी मन,
ओ मेरे सिद्धान्तवादी मन,
अब तक क्या किया?
जीवन क्या जिया!!

उदरम्भरि बन अनात्म बन गये,
भूतों की शादी में क़नात-से तन गये,
किसी व्यभिचारी के बन गये बिस्तर,

दुःखों के दाग़ों को तमग़ों-सा पहना,
अपने ही ख़यालों में दिन-रात रहना,
असंग बुद्धि व अकेले में सहना,
ज़िन्दगी निष्क्रिय बन गयी तलघर,

अब तक क्या किया,
जीवन क्या जिया!!

बताओ तो किस-किसके लिए तुम दौड़ गये,
करुणा के दृश्यों से हाय! मुँह मोड़ गये,
बन गये पत्थर,
बहुत-बहुत ज़्यादा लिया,
दिया बहुत-बहुत कम,
मर गया देश, अरे, जीवित रह गये तुम!!
लो-हित-पिता को घर से निकाल दिया,
जन-मन-करुणा-सी माँ को हंकाल दिया,
स्वार्थों के टेरियार कुत्तों को पाल लिया,
भावना के कर्तव्य—त्याग दिये,

हृदय के मन्तव्य—मार डाले!
बुद्धि का भाल ही फोड़ दिया,
तर्कों के हाथ उखाड़ दिये,
जम गये, जाम हुए, फँस गये,
अपने ही कीचड़ में धँस गये!!
विवेक बघार डाला स्वार्थों के तेल में
आदर्श खा गये!

अब तक क्या किया,
जीवन क्या जिया,
ज़्यादा लिया और दिया बहुत-बहुत कम
मर गया देश, अरे, जीवित रह गये तुम...

मेरा सिर गरम है,
इसीलिए भरम है।
सपनों में चलता है आलोचन,
विचारों के चित्रों की अवलि में चिन्तन।
निजत्व-माफ़ है बेचैन,
क्या करूँ, किससे कहूँ,
कहाँ जाऊँ, दिल्ली या उज्जैन?
वैदिक ऋषि शुनःशेप के
शापभ्रष्ट पिता अजीगर्त समान ही
व्यक्तित्व अपना ही, अपने से खोया हुआ
वही उसे अकस्मात् मिलता था रात में,
पागल था दिन में
सिर-फिरा विक्षिप्त मस्तिष्क।

हाय, हाय!
उसने भी यह क्या गा दिया,
यह उसने क्या नया ला दिया,
प्रत्यक्ष,
मैं खड़ा हो गया
किसी छाया मूर्ति-सा समक्ष स्वयं के

होने लगी बहस और
लगने लगे परस्पर तमाचे।
छिः पागलपन है,
वृथा आलोचन है।
गलियों में अन्धकार भयावह—
मानो मेरे कारण ही लग गया
मॉर्शल-लॉ वह,
मानो मेरी निष्क्रिय संज्ञा ने संकट बुलाया,
मानो मेरे कारण ही दुर्घट
हुई यह घटना।
चक्र से चक्र लगा हुआ है...
जितना ही तीव्र है द्वन्द्व क्रियाओं घटनाओं का
बाहरी दुनिया में,
उतनी ही तेज़ी से भीतरी दुनिया में,
चलता है द्वन्द्व कि
फ़िक्र से फ़िक्र लगी हुई है।
आज उस पागल ने मेरी चैन भुला दी,
मेरी नींद गँवा दी।

मैं इस बरगद के पास खड़ा हूँ।
मेरा यह चेहरा
घुलता है जाने किस अथाह गम्भीर, साँवले जल से,
झुके हुए गुमसुम टूटे हुए घरों के
तिमिर अतल से
घुलता है मन यह।
रात्रि के श्यामल ओस से क्षालित
कोई गुरु-गम्भीर महान् अस्तित्व
महकता है लगातार
मानो खण्डहर-प्रसारों में उद्यान
गुलाब-चमेली के, रात्रि-तिमिर में,
महकते हों, महकते ही रहते हों हर पल।
किन्तु वे उद्यान कहाँ हैं,

अँधेरे में पता नहीं चलता।
मात्र सुगन्ध है सब ओर,
पर, उस महक–लहर में
कोई छिपी वेदना, कोई गुप्त चिन्ता
छटपटा रही है।

5

एकाएक मुझे भान!!
पीछे से किसी अजनबी ने
कन्धे पर हाथ रखा
चौंकता मैं भयानक
एकाएक थरथर रेंग गयी सिर तक,
नहीं, नहीं। ऊपर से गिरकर
कन्धे पर बैठ गया बरगद-पात एक,
क्या वह संकेत, क्या वह इशारा?
क्या वह चिट्ठी है किसी की?
कौन-सा इंगित?
भागता मैं दम छोड़,
घूम गया कई मोड़!!
बन्दूक़ धाँय-धाँय
मकानों के ऊपर प्रकाश-सा छा गया गेरुआ।
भागता मैं दम छोड़
घूम गया कई मोड़।
घूम गयी पृथ्वी, घूम गया आकाश,
और फिर, किसी एक मुँदे हुए घर की
पत्थर, सीढ़ी दिख गयी, उस पार
चुपचाप बैठ गया सिर पकड़कर!!
दिमाग़ में चक्कर,
चक्कर...भँवरें
भँवरों के गोल-गोल केन्द्र में दीखा
स्वप्न सरीखा–

भूमि की सतहों के बहुत-बहुत नीचे
अँधियारी एकान्त
प्राकृत गुहा एक।
विस्तृत खोह के साँवले तल में
तिमिर को भेदकर चमकते हैं पत्थर
मणि तेजस्क्रिय रेडियो-ऐक्टिव रत्न भी बिखरे,
झरता है जिन पर प्रबल प्रपात एक।
प्राकृत जल वह आवेग-भरा है,
द्युतिमान् मणियों की अग्नियों पर से
फिसल-फिसलकर बहती लहरें,
लहरों के तल में से फूटती हैं किरनें
रत्नों की रंगीन रूपों की आभा
फूट निकलती
खोह की बेडौल भीतें हैं झिलमिल!
पाता हूँ निज को खोह के भीतर,
विलुब्ध नेत्रों से देखता हूँ द्युतियाँ,
मणि तेजस्क्रिय हाथों में लेकर
विभोर आँखों से देखता हूँ उनको—
पाता हूँ अकस्मात्
दीप्ति में वलयित रत्न वे नहीं हैं
अनुभव, वेदना, विवेक-निष्कर्ष,
मेरे ही अपने यहाँ पड़े हुए हैं
विचारों की रक्तिम अग्नि के मणि वे
प्राण-जल-प्रपात में घुलते हैं प्रतिपल
अकेले में किरणों की गीली है हलचल
गीली है हलचल!!

6

हाय, हाय! मैंने उन्हें गुहा-वास दे दिया
लोक-हित क्षेत्र से कर दिया वंचित
जनोपयोग से वर्जित किया और
निषिद्ध कर दिया

खोह में डाल दिया!!
वे ख़तरनाक थे,
(बच्चे भीख माँगते) ख़ैर...
यह न समय है,
जूझना ही तै है।
सीन बदलता है,
सुनसान चौराहा साँवला फैला,
बीच में वीरान गेरुआ घण्टाघर,
ऊपर कत्थई बुज़ुर्ग गुम्बद,
साँवली हवाओं में काल टहलता है।
रात में पीले हैं चार घड़ी-चेहरे,
मिनिट के काँटों की चार अलग गतियाँ,
चार अलग कोण,
कि चार अलग संकेत,
(मनस् में गतिमान् चार अलग मतियाँ)
खम्भों पर बिजली की गरदनें लटकीं,
शर्म से जलते हुए बल्बों के आस-पास
बेचैन ख़यालों के पंखों के कीड़े
उड़ते हैं गोल-गोल
मचल-मचलकर।
घण्टाघर तले ही
पंखों के टुकड़े बीट व तिनके।
गुम्बद-विवर में बैठे हुए बूढ़े
असम्भव पक्षी
बहुत तेज़ नज़रों से देखते हैं सब ओर,
मानो कि इरादे
भयानक चमकते।
सुनसान चौराहा,
बिखरी हैं गतियाँ, बिखरी है रफ़्तार,
गश्त में घूमती है कोई दुष्ट इच्छा।
भयानक सिपाही जाने किस थकी हुई झोंक में
अँधेरे में सुलगाता सिगरेट अचानक

ताँबे से चेहरे की ऐंठ झलकती।
पथरीली सलवट
दियासलाई की पल-भर लौ में
साँप-सी लगती।
पर, उसके चेहरे का रंग बदलता है हर बार,
मानो अनपेक्षित कहीं न कुछ हो...
वह ताक रहा है—
संगीन नोकों पर टिका हुआ
साँवला बन्दूक़-जत्था
गोल त्रिकोण एक बनाये खड़ा जो
चौक के बीच में!!
एक ओर
टैंकों का दस्ता भी खड़े-खड़े ऊँघता,
परन्तु अड़ा है!!

भागता मैं दम छोड़,
घूम गया कई मोड़।
भागती है चप्पल, चटपट आवाज़
चाँटों-सी पड़ती।
पैरों के नीचे का कीच उछलकर
चेहरे पर, छाती पर पड़ता है सहसा,
ग्लानि की मितली।
गलियों का गोल-गोल खोह-अँधेरा
चेहरे पर, आँखों पर करता है हमला।
अजीब उमस-बास
गलियों का रुँधा हुआ उच्छ्वास
भागता हूँ दम छोड़,
घूम गया कई मोड़।
धुँधले से आकार कहीं-कहीं दीखते,
भय के? या घर के? कह नहीं सकता
आता है अकस्मात् कोलतार-रास्ता
लम्बा व चौड़ा व स्याह व ठण्डा,

बेचैन आँखें ये देखती हैं सब ओर।
कहीं कोई नहीं है,
नहीं कहीं कोई भी।
श्याम आकाश में, संकेत-भाषा-सी तारों की आँखें
चमचमा रही हैं।
मेरा दिल ढिबरी-सा टिमटिमा रहा है।
कोई मुझे खींचता है रास्ते के बीच ही।
जादू से बँधा हुआ चल पड़ा उस ओर।
सपाट सूने में ऊँची-सी खड़ी जो
तिलक की पाषाण-मूर्ति है निःसंग
स्तब्ध जड़ीभूत...
देखता हूँ उसको परन्तु, ज्यों ही मैं पास पहुँचता
पाषाण-पीठिका हिलती-सी लगती
अरे, अरे, यह क्या!!
कण-कण काँप रहे जिनमें से झरते
नीले इलेक्ट्रॉन
सब ओर गिर रही हैं चिनगियाँ नीली
मूर्ति के तन से झरते हैं अंगार।
मुसकान पत्थरी होठों पर काँपी,
आँखों में बिजली के फूल सुलगते।
इतने में यह क्या!!
भव्य ललाट की नासिका में से
बह रहा ख़ून न जाने कब से
लाल-लाल गरमीला रक्त टपकता
(ख़ून के धब्बों से भरा अँगरखा)
मानो कि अतिशय चिन्ता के कारण
मस्तक-कोष ही फूट पड़े सहसा
मस्तक-रक्त ही बह उठा नासिका में से।
हाय, हाय, पितः पितः ओ,
चिन्ता में इतने न उलझो
हम अभी ज़िन्दा हैं ज़िन्दा,
चिन्ता क्या है!!

मैं उस पाषाण-मूर्ति के ठण्डे
पैरों को छाती से बरबस चिपका
रुआँसा-सा होता
देह में तन गये करुणा के काँटे
छाती पर, सिर पर, बाँहों पर मेरे
गिरती हैं नीली
बिजली की चिनगियाँ
रक्त टपकता है हृदय में मेरे
आत्मा में बहता-सा लगता
ख़ून का तालाब।
इतने में छाती में भीतर ठक्-ठक्
सिर में है धड़-धड़!! कट रही हड्डी!!
फ़िक्र ज़बरदस्त!!
विवेक चलाता तीखा-सा रन्दा
चल रहा बसूला
छीले जा रहा मेरा यह निजत्व ही कोई
भयानक ज़िद कोई जाग उठी मेरे भी अन्दर
हठ कोई बड़ा भारी उठ खड़ा हुआ है।
इतने में आसमान काँपा व धाँय-धाँय
बन्दूक़-धड़ाका
बिजली की रफ़्तार पैरों में घूम गयी।
खोहों-सी गलियों के अँधेरे में एक ओर
मैं थक बैठ गया,
सोचने-विचारने।
अँधेरे में डूबे मकानों के छप्परों पार से
रोने की पतली-सी आवाज़
सूने में काँप रही काँप रही दूर तक
कराहों की लहरों में पाशव प्राकृत
वेदना भयानक थरथरा रही है।
मैं उसे सुनने का करता हूँ यत्न
कि देखता क्या हूँ—
सामने मेरे

सर्दी में बोरे को ओढ़कर
कोई एक अपने
हाथ-पैर समेटे
काँप रहा, हिल रहा—वह मर जाएगा।
इतने में वह सिर खोलता है सहसा
बाल बिखरते,
दीखते हैं कान कि
फिर मुँह खोलता है, वह कुछ
बुदबुदा रहा है,
किन्तु, मैं सुनता ही नहीं हूँ।
ध्यान से देखता हूँ—वह कोई परिचित
जिसे ख़ूब देखा था, निरखा था कई बार
पर, पाया नहीं था।
अरे हाँ, वह तो...
विचार उठते ही दब गये,
सोचने का साहस सब चला गया है।
वह मुख—अरे, वह मुख, वे गान्धी जी!!
इस तरह पंगु!!
आश्चर्य!!
नहीं, नहीं वे जाँच-पड़ताल
रूप बदलकर करते हैं चुपचाप।
सुराग़ रसी-सी कुछ।

अँधेरे की स्याही में डूबे हुए देव को सम्मुख पाकर
मैं अति दीन हो जाता हूँ पास कि
बिजली का झटका
कहता है—"भाग जा, हट जा
हम हैं गुज़र गये ज़माने के चेहरे
आगे तू बढ़ जा।"
किन्तु, मैं देखा किया उस मुख को।
गम्भीर दृढ़ता की सलवटें वैसी ही,
शब्दों में गुरुता।

वे कह रहे हैं—
"दुनिया न कचरे का ढेर कि जिस पर
दानों को चुगने चढ़ा हुआ कोई भी कुक्कुट
कोई भी मुरग़ा
यदि बाँग दे उठे ज़ोरदार
बन जाए मसीहा"
वे कह रहे हैं—
"मिट्टी के लोंदे में किरगीले कण-कण
गुण हैं,
जनता के गुणों से ही सम्भव
भावी का उद्भव..."
गम्भीर शब्द वे और आगे बढ़ गये,
जाने क्या कह गये!!
मैं अति उद्विग्न!

एकाएक उठ पड़ा आत्मा का पिंजर
मूर्ति की ठठरी।
नाक पर चश्मा, हाथ में डण्डा,
कन्धे पर बोरा, बाँह में बच्चा।
आश्चर्य! अद्भुत! यह शिशु कैसे !!
मुसकरा उस द्युति-पुरुष ने कहा तब—
"मेरे पास चुपचाप सोया हुआ यह था।
सँभालना इसको, सुरक्षित रखना"

मैं कुछ कहने को होता हूँ इतने में वहाँ पर
कहीं कोई नहीं है, कहीं कोई नहीं है :
और ज़्यादा गहरा व और ज़्यादा अकेला
अँधेरे का फैलाव!
बालक लिपटा है मेरे इस गले से चुपचाप,
छाती से कन्धे से चिपका है नन्हा-सा आकाश
स्पर्श है सुकुमार प्यार-भरा कोमल,
किन्तु है भार का गम्भीर अनुभव।

भावी की गन्ध और दूरियाँ अँधेरी
आकाशी तारों के साथ लिये हुए मैं
चला जा रहा हूँ
घुसता ही जाता हूँ फ़ासलों की खोहों की तहों में।

सहसा रो उठा कन्धे पर वह शिशु
अरे, अरे, वह स्वर अतिशय परिचित!!
पहले भी कई बार कहीं तो भी सुना था,
उसमें तो स्फोटक क्षोभ का आएगा,
गहरी है शिकायत,
क्रोध भयंकर।
मुझे डर यदि कोई वह स्वर सुन ले
हम दोनों फिर कहीं नहीं रह सकेंगे।
मैं पुचकारता हूँ, बहुत दुलारता,
समझाने के लिए तब गाता हूँ गाने,
अधभूली लोरी ही होठों से फूटती!
मैं चुप करने की जितनी भी करता हूँ कोशिश,
और-और चीख़ता है क्रोध से लगातार!!
गरम-गरम अश्रु टपकते हैं मुझपर।

किन्तु, न जाने क्यों ख़ुश बहुत हूँ।
जिसको न मैं इस जीवन में कर पाया,
वह कर रहा है।
मैं शिशु-पीठ को थपथपा रहा हूँ,
आत्मा है गीली।
पैर आगे बढ़ रहे, मन आगे जा रहा।
डूबता हूँ मैं किसी भीतरी सोच में—
हृदय के थाले में रक्त का तालाब,
रक्त में डूबी हैं द्युतिमान् मणियाँ,
रुधिर से फूट रहीं लाल-लाल किरणें,
अनुभव-रक्त में डूबे हैं संकल्प,
और ये संकल्प

चलते हैं साथ-साथ।
अँधियारी गलियों में चला जा रहा हूँ।

इतने में पाता हूँ अँधेरे में सहसा
कन्धे पर कुछ नहीं!!
वह शिशु
चला गया जाने कहाँ,
और अब उसके ही स्थान पर
मात्र हैं सूरज-मुखी-फूल-गुच्छे।
उन स्वर्ण-पुष्पों से प्रकाश-विकीरण
कन्धों पर, सिर पर, गालों पर, तन पर,
रास्ते पर, फैले हैं किरणों के कण-कण।
भई वाह, यह ख़ूब!!

इतने में गली एक आ गयी और मैं
दरवाज़ा खुला हुआ देखता।
ज़ीना है अँधेरा।
कहीं कोई ढिबरी-सी टिमटिमा रही है!
मैं बढ़ रहा हूँ
कन्धों पर फूलों के लम्बे वे गुच्छे
क्या हुए, कहाँ गये?
कन्धे क्यों वज़न से दुख रहे सहसा।
ओ हो,
बन्दूक़ आ गयी
वाह वा...!!
वज़नदार रॉयफ़ल,
भई ख़ूब!!
खुला हुआ कमरा है साँवली हवा है,
झाँकते हैं खिड़कियों में से दूर अँधेरे में टँके हुए सितारे
फैली है बर्फ़ीली साँस-सी वीरान,
तितर-बितर सब फैला है सामान।
बीच में कोई ज़मीन पर पसरा,

फैलाये बाँहें, ढह पड़ा, आख़िर।
मैं उस जन पर फैलाता टार्च कि यह क्या–
ख़ून-भरे बाल में उलझा है चेहरा,
भौंहों के बीच में गोली का सूराख़,
ख़ून का परदा गालों पर फैला,
होठों पर सूखी है कत्थई धारा,
फूटा है चश्मा, नाक है सीधी,
ओफ़्फ़ो!! एकान्त-प्रिय यह मेरा
परिचित व्यक्ति है, वहीं, हाँ,
सचाई थी सिर्फ़ एक अहसास
वह कलाकार था
गलियों के अँधेरे का, हृदय में, भार था
पर, कार्य क्षमता से वंचित व्यक्ति,
चलाता था अपना असंग अस्तित्व।
सुकुमार मानवीय हृदयों के अपने
शुचितर विश्व के मात्र थे सपने।
स्वप्न व ज्ञान व जीवनानुभव जो–
हलचल करता था रह-रह दिल में
किसी को भी दे नहीं पाया था वह तो।
शून्य के जल में डूब गया नीरव
हो नहीं पाया उपयोग उसका।
किन्तु, अचानक झोंक में आकर क्या कर गुज़रा कि
सन्देहास्पद समझा गया और
मारा गया वह बधिकों के हाथों।
मुक्ति का इच्छुक तृषार्त अन्तर
मुक्ति के यत्नों के साथ निरन्तर
सबका था प्यारा।
अपने में द्युतिमान्।
उनका यों वध हुआ,
मर गया एक युग,
मर गया एक जीवनादर्श!!
इतने में मुझको ही चिढ़ाता है कोई।

सवाल है—मैं क्या करता था अब तक,
भागता फिरता था सब ओर।
(फ़िज़ूल है इस वक़्त कोसना ख़ुद को)
एकदम ज़रूरी-दोस्तों को खोजूँ
पाऊँ मैं नये-नये सहचर
सकर्मक सत्-चित् वेदना-भास्कर!!

ज़ीने से उतरा,
एकाएक विद्रूप रूपों से घिर गया सहसा
पकड़ मशीन-सी,
भयानक आकार घेरते हैं मुझको,
मैं आततायी-सत्ता के सम्मुख।

एकाएक हृदय धड़ककर रुक गया, क्या हुआ!!
भयानक सनसनी।
पकड़कर कॉलर गला दबाया गया।
चाँटे से कनपटी टूटी कि अचानक
त्वचा उखड़ गयी गाल की पूरी।
कान में भर गयी
भयानक अनहद-नाद की भनभन।
आँखों में तैरीं
रक्तिम तितलियाँ, चिनगियाँ नीली।
सामने उगते-डूबते धुँधले
कुहरिल वर्तुल,
जिनका कि चक्रिल केन्द्र ही फैलता जाता
उस फैलाव में दीखते मुझको
धँस रहे, गिर रहे बड़े-बड़े टॉवर
घुँघराला धुआँ, गेरुआ ज्वाला।
हृदय में भगदड़—
सम्मुख दीखा
उजाड़ बंजर टीले पर सहसा
रो उठा कोई, रो रहा कोई

भागता कोई सहायता देने।
अन्तर्तत्त्वों का पुनःप्रबन्ध और पुनर्व्यवस्था
पुनर्गठन-सा होता जा रहा।

दृश्य ही बदला, चित्र बदल गया
ज़बरन ले जाया गया मैं गहरे
अँधियारे कमरे के स्याह सिफ़र में।
टूटे-से स्टूल पर बिठाया गया हूँ।
शीश की हड्डी जा रही तोड़ी।
लोहे की कील पर बड़े हथौड़े
पड़ रहे लगातार।
शीश का मोटा अस्थि-कवच ही निकाल डाला
देखा जा रहा—
मस्तक-यन्त्र में कौन विचारों की कौन-सी ऊर्जा,
कौन-सी शिरा में कौन-सी धक्-धक्,
कौन-सी रग में कौन-सी फुरफुरी,
कहाँ है पश्यत् कैमरा जिसमें
तथ्यों के जीवन-दृश्य उतरते,
कहाँ-कहाँ सच्चे सपनों के आशय
कहाँ-कहाँ क्षोभक-स्फोटक सामान!
भीतर कहीं पर गड़े हुए गहरे
तलघर अन्दर
छिपे हुए प्रिंटिंग प्रेस को खोजो
जहाँ कि चुपचाप ख़यालों के परचे
छपते रहते हैं, बाँटे जाते।
इस संस्था के सेक्रेटरी को खोज निकालो,
शायद, उसका ही नाम हो आस्था,
कहाँ है सरगना इस टुकड़ी का
कहाँ है आत्मा?
(और, मैं सुनता हूँ चिढ़ी हुई ऊँची
खिझलायी आवाज़)
स्क्रीनिंग करो—मिस्टर गुप्ता,

क्रॉस एक्ज़ामिन हिम थॉरोली!!

चाबुक-चमकार
पीठ पर यद्यपि
उखड़े चर्म की कत्थई-रक्तिम रेखाएँ उभरीं
पर, यह आत्मा कुशल बहुत है,
देह में रेंग रही संवेदना की गरमीली कड़ुई धारा को गहरी
झनझन थरथर तारों को उसके,
समेटकर वह सब
वेदना-विस्तार करके इकट्ठा
मेरा मन यह
ज़बरन उनकी छोटी-सी कड़ूढी
गठान बाँधता सख़्त व मज़बूत
मानो कि पत्थर।
ज़ोर लगाकर,
उसी गठान को हथेलियों से
करता है चूर-चूर,
धूल में बिखरा देता है उसको।
मन यह हटता है देह की हद से
जाता है कहीं पर अलग जगत् में।
विचित्र क्षण है,
सिर्फ़ है जादू,
मात्र मैं बिजली
यद्यपि खोह में खूँटे बँधा हूँ,
दैत्य है आस-पास
फिर भी बहुत दूर मीलों के पार वहाँ
गिरता हूँ चुपचाप पत्र के रूप में
किसी एक जेब में
वह जेब...
किसी एक फटे हुए मन की।

समस्वर, समताल,
सहानुभूति की सनसनी कोमल!!

हम कहाँ नहीं हैं
सभी जगह हम।
निजता हमारी?
भीतर-भीतर बिजली के जीवित
तारों के जाले,
ज्वलन्त तारों की भीषण गुत्थी,
बाहर-बाहर धूल-सी भूरी
ज़मीन की पपड़ी।
अग्नि को लेकर, मस्तक हिमवत्,
उग्र प्रभंजन लेकर, उर यह
बिलकुल निश्चल।
भीषण शक्ति को धारण करके
आत्मा का पोशाक दीन व मैला।
विचित्र रूपों को धारण करके
चलता है जीवन, लक्ष्यों के पथ पर।

7

रिहा!!
छोड़ दिया गया मैं,
कई छाया-मुख अब करते हैं पीछा,
छायाकृतियाँ न छोड़ती हैं मुझको,
जहाँ-जहाँ गया वहाँ
भौंहों के नीचे के रहस्यमय छेद
मारते हैं संगीन–
दृष्टि की पत्थरी चमक है पैनी।
मुझे अब खोजने होंगे साथी–
काले गुलाब व स्याह सिवन्ती,
श्याम चमेली,
सँवलाये कमल जो खोहों के जल में
भूमि के भीतर पाताल-तल में
खिले हुए कब से भेजते हैं संकेत
सुझाव-सन्देश भेजते रहते!!

इतने में सहसा दूर क्षितिज पर
दीखते हैं मुझको
बिजली की नंगी लताओं से भर रहे
सफ़ेद नीले मोतिया चम्पई फूल गुलाबी
उठते हैं वहीं पर हाथ अकस्मात्
अग्नि के फूलों को समेटने लगते।
मैं उन्हें देखने लगता हूँ एकटक,
अचानक विचित्र स्फूर्ति से मैं भी
ज़मीन पर पड़े हुए चमकीले पत्थर
लगातार चुनकर
बिजली के फूल बनाने की कोशिश
करता हूँ। रश्मि-विकीरण–
मेरे भी प्रस्तर करते हैं प्रतिक्षण।
रेडियो-ऐक्टिव रत्न हैं वे भी।
बिजली के फूलों की भाँति ही
यत्न हैं वे भी,
किन्तु, असन्तोष मुझको है गहरा,
शब्दाभिव्यक्ति-अभाव का संकेत।
काव्य-चमत्कार उतना ही रंगीन
परन्तु, ठण्डा।
मेरे भी फूल हैं तेजस्क्रिय, पर
अतिशय शीतल।
मुझको तो बेचैन बिजली की नीली
ज्वलन्त बाँहों में बाँहों को उलझा
करनी है उतनी ही प्रदीप्त लीला
आकाश-भर में साथ-साथ उसके घूमना है मुझको
मेरे पास न रंग है बिजली का गौर कि
भीमाकार हूँ मेघ मैं काला
परन्तु, मुझको है गम्भीर आवेश
अथाह प्रेरणा-स्रोत का संयम।
अरे, इन रंगीन पत्थर-फूलों से मेरा
काम नहीं चलेगा!!

क्या कहूँ,
मस्तक-कुण्ड में जलती
सत्-चित्-वेदना-सचाई व ग़लती—
मस्तक शिराओं में तनाव दिन-रात।

अब अभिव्यक्ति के सारे ख़तरे
उठाने ही होंगे।
तोड़ने ही होंगे मठ और गढ़ सब।
पहुँचना होगा दुर्गम पहाड़ों के उस पार
तब कहीं देखने मिलेंगी बाँहें
जिसमें कि प्रतिपल काँपता रहता
अरुण कमल एक
ले जाने उसको धँसना ही होगा
झील के हिम-शीत सुनील जल में
चाँद उग आया है
गलियों की आकाशी लम्बी-सी चीर में
तिरछी है किरनों की मार
उस नीम पर
जिसके कि नीचे
मिट्टी के गोल चबूतरे पर, नीली
चाँदनी में कोई दिया सुनहला
जलता है मानो कि स्वप्न ही साक्षात्
अदृश्य साकार।
मकानों के बड़े-बड़े खण्डहर जिनके कि सूने
मटियाले भागों में खिलती ही रहती
महकती रातरानी फूल-भरी जवानी में लज्जित
तारों की टपकती अच्छी न लगती।

भागता मैं दम छोड़,
घूम गया कई मोड़,
ध्वस्त दीवालों के उस पार कहीं पर
बहस गरम है

दिमाग़ में जान है, दिलों में दम है
सत्य से सत्ता के युद्ध को रंग है,
पर, कमज़ोरियाँ सब मेरे संग हैं,
पाता हूँ सहसा—
अँधेरे की सुरंग-गलियों में चुपचाप
चलते हैं लोग-बाग
दृढ़-पद गम्भीर,
बालक युवागण
मन्द-गति नीरव
किसी निज भीतरी बात में व्यस्त हैं,
कोई आग जल रही तो भी अन्तःस्थ।

विचित्र अनुभव!!
जितना मैं लोगों की पाँतों को पार कर
बढ़ता हूँ आगे,
उतना ही पीछे मैं रहता हूँ अकेला,
पश्चात्-पद हूँ।
पर, एक रेला और
पीछे से चला और
अब मेरे साथ है।
आश्चर्य! अद्भुत!!
लोगों की मुट्ठियाँ बँधी हैं।
अँगुली-सन्धि से फूट रहीं किरनें
लाल-लाल
यह क्या!!
मेरे ही विक्षोभ-मणियों को लिये वे,
मेरे ही विवेक-रत्नों को लेकर,
बढ़ रहे लोग अँधेरे में सोत्साह।
किन्तु मैं अकेला।
बौद्धिक जुगाली में अपने से दुकेला।

गलियों के अँधेरे में मैं भाग रहा हूँ,
इतने में चुपचाप कोई एक

दे जाता पर्चा,
कोई गुप्त शक्ति
हृदय में करने-सी लगती है चर्चा!!
मैं बहुत ध्यान से पढ़ता हूँ उसको
आश्चर्य!
उसमें तो मेरे ही गुप्त विचार व
दबी हुई संवेदनाएँ व अनुभव
पीड़ाएँ जगमगा रही हैं।
यह सब क्या है!

आसमान झाँकता है लकीरों के बीच-बीच
वाक्यों की पाँतों में आकाशगंगा-सी फैली
शब्दों के व्यूहों में ताराएँ चमकीं
तारक-दलों में भी खिलता है आँगन
जिसमें कि चम्पा के फूल चमकते।
शब्दाकाशों के कानों में गहरे तुलसी के श्यामल खिलते हैं
चेहरे!!
चमकता है आशय मनोज्ञ मुखों से
पारिजात-पुष्प महकते।

पर्चा पढ़ते हुए उड़ता हूँ हवा में,
चक्रवात-गतियों में घूमता हूँ नभ पर,
ज़मीन पर एक साथ
सर्वत्र सचेत उपस्थित।
प्रत्यक स्थान पर लगा हूँ मैं काम में,
प्रत्येक चौराहे, दुराहे व राहों के मोड़ पर
सड़क पर खड़ा हूँ,
मनाता हूँ, मानता हूँ, मनवाता अड़ा हूँ!!

और तब दिक्काल-दूरियाँ
अपने ही देश के नक्शे-सी टँगी हुई
रँगी हुई लगतीं!!
स्वप्नों की कोमल किरनें कि मानो

घनीभूत संघनित द्युतिमान्
शिलाओं में परिणत
ये सब दृढ़ीभूत कर्म-शिलाएँ हैं
जिनसे कि स्वप्नों की मूर्ति बनेगी
सस्मित सुखकर
जिसकी कि किरनें,
ब्रह्माण्ड-भर में नापेंगी सब कुछ!
सचमुच, मुझको तो ज़िन्दगी-सरहद
सूर्यों के प्रांगण पार भी जाती-सी दीखती!!
मैं परिणत हूँ,
कविता में कहने की आदत नहीं, पर कह दूँ
वर्तमान समाज में चल नहीं सकता।
पूँजी से जुड़ा हुआ हृदय बदल नहीं सकता,
स्वातन्त्र्य व्यक्ति का वादी
छल नहीं सकता मुक्ति के मन को,
जन को।

8

एकाएक हृदय धड़ककर रुक गया, क्या हुआ!!
नगर से भयानक धुआँ उठ रहा है,
कहीं आग लग गयी, कहीं गोली चल गयी।
सड़कों पर मरा हुआ फैला है सुनसान,
हवाओं में अदृश्य ज्वाला की गरमी
गरमी का आवेग।
साथ-साथ घूमते हैं, साथ-साथ रहते हैं,
साथ-साथ सोते हैं, खाते हैं, पीते हैं,
जन-मन उद्देश्य!!
पथरीले चेहरों के ख़ाकी ये कसे ड्रेस
घूमते हैं यन्त्रवत्,
वे पहचाने-से लगते हैं वाक़ई
कहीं आग लग गयी, कहीं गोली चल गयी!!

सब चुप, साहित्यिक चुप और कविजन निर्वाक्
चिन्तक, शिल्पकार, नर्तक चुप हैं
उनके ख़याल से यह सब गप है
मात्र किंवदन्ती।
रक्तपायी वर्ग से नाभिनाल-बद्ध ये सब लोग
नपुंसक भोग-शिरा-जालों में उलझे।
प्रश्न की उथली-सी पहचान
राह से अनजान
वाक् रुदन्ती।
चढ़ गया उर पर कहीं कोई निर्दयी,
कहीं आग लग गयी, कहीं गोली चल गयी।

भव्याकार भवनों के विवरों में छिप गये
समाचारपत्रों के पतियों के मुख स्थूल।
गढ़े जाते संवाद,
गढ़ी जाती समीक्षा,
गढ़ी जाती टिप्पणी जन-मन-उर-शूर।
बौद्धिक वर्ग है क्रीतदास,
किराये के विचारों का उदभास।
बड़े-बड़े चेहरों पर स्याहियाँ पुत गयीं।
नपुंसक श्रद्धा
सड़क के नीचे की गटर में छिप गयी,
कहीं आग लग गयी, कहीं गोली चल गयी।

धुएँ के ज़हरीले मेघों के नीचे ही हर बार
द्रुत निज-विश्लेष-गतियाँ,
एक स्प्लिट सेकेण्ड में शत साक्षात्कार।
टूटते हैं धोखों से भरे हुए सपने।
रक्त में बहती हैं शान की किरनें
विश्व की मूर्ति में आत्मा ही ढल गयी,
कहीं आग लग गयी, कहीं गोली चल गयी।

राह के पत्थर-ढोकों के अन्दर
पहाड़ों के झरने
तड़पने लग गये।
मिट्टी के लोंदे के भीतर
भक्ति की अग्नि का उद्रेक
भड़कने लग गया।
धूल के कण में
अनहद नाद का कम्पन
ख़तरनाक!!
मकानों के छत से
गाडर कूद पड़े धम से।
घूम उठे खम्भे
भयानक वेग से चल पड़े हवा में।
दादा का सोंटा भी करता है दाँव-पेंच
नाचता है हवा में
गगन में नाच रही कक्का की लाठी।
यहाँ तक कि बच्चे की पेपें भी उड़तीं,
तेज़ी से लहराती घूमती है हवा में
सलेट-पट्टी।
एक-एक वस्तु या एक-एक प्राणाग्नि-बम है,
ये परमास्त्र हैं, प्रक्षेपास्त्र हैं, यम हैं।
शून्याकाश में से होते हुए वे
अरे, अरि पर ही टूट पड़े अनिवार।
यह कथा नहीं है, यह सब सच है, हाँ भई!!
कहीं आग लग गयी, कहीं गोली चल गयी!!

किसी एक बलवान् तम-श्याम लुहार ने बनाया
कण्डों का वर्तुल ज्वलन्त मण्डल।
स्वर्णिम कमलों की पाँखुरी-जैसी ही
ज्वालाएँ उठती हैं उससे,
और उस गोल-गोल ज्वलन्त रेखा में रक्खा
लोहे का चक्का

चिनगियाँ स्वर्णिम नीली व लाल-लाल
फूलों-सी खिलतीं। कुछ बलवान् जन साँवले मुख के
चढ़ा रहे लकड़ी के चक्के पर जबरन
लाल-लाल लोहे की गोल-गोल पट्टी
घन मार घन मार,
उसी प्रकार अब
आत्मा के चक्के पर चढ़ाया जा रहा
संकल्प-शक्ति के लोहे का मज़बूत
ज्वलन्त टायर!!
अब युग बदला है वाक़ई,
कहीं आग लग गयी, कहीं गोली चल गयी।

गेरुआ मौसम, उड़ते हैं अंगार,
जंगल जल रहे ज़िन्दगी के अब
जिनके कि ज्वलन्त-प्रकाशित भीषण
फूलों से बहतीं वेदना नदियाँ
जिनके कि जल में
सचेत होकर सैकड़ों सदियाँ, ज्वलन्त अपने
बिम्ब फेंकती!!
वेदना नदियाँ
जिनमें कि डूबे हैं युगानुयुग से
मानो कि आँसू
पिताओं की चिन्ता का उद्विग्न रंग भी,
विवेक-पीड़ा की गहराई बेचैन,
डूबा है ज़िसमें श्रमिक का सन्ताप।
वह जल पीकर
मेरे युवकों में होता जाता व्यक्तित्वान्तर,
विभिन्न क्षेत्रों में कई तरह से करते हैं संगर,
मानो कि ज्वाला-पंखुरियों से घिर हुए वे सब
अग्नि के शत-दल-कोष में बैठे!!
द्रुत-वेग बहती हैं शक्तियाँ निश्चयी।

कहीं आग लग गयी, कहीं गोली चल गयी!!

× × ×

एकाएक फिर स्वप्न भंग
बिखर गये चित्र कि मैं फिर अकेला।
मस्तिष्क-हृदय में छेद पड़ गये हैं।
पर, उन दुखते हुए रन्ध्रों में गहरा
प्रदीप्त ज्योति का रस बस गया है।
मैं उन सपनों का खोजता हूँ आशय,
अर्थों की वेदना घिरती है मन में।
अजीब झमेला।
घूमता है मन उन अर्थों के घावों के आस-पास
आत्मा में चमकीली प्यास भर गयी है।
जग-भर दीखती हैं सुनहली तसवीरें मुझको
मानो कि कल रात किसी अनपेक्षित क्षण में ही सहसा
प्रेम कर लिया हो
जीवन-भर के लिए!!
मानो कि उस क्षण
अतिशय मृदु किन्हीं बाँहों ने आकर
कस लिया था इस भाँति कि मुझको
उस स्वप्न-स्पर्श की, चुम्बन की याद आ रही है,
याद आ रही है!!
अज्ञात प्रणयिनी कौन थी, कौन थी?

कमरे में सुबह की धूप आ गयी है,
गैलरी में फैला है सुनहला रवि छोर
क्या कोई प्रेमिका सचमुच मिलेगी?
हाय! यह वेदना स्नेह की गहरी
जाग गयी क्यों कर?

सब ओर विद्युत्तरंगीय हलचल
चुम्बकीय आकर्षण।

प्रत्येक वस्तु का निज-निज आलोक,
मानो कि अलग-अलग फूलों के रंगीन
अलग-अलग वातावरण हैं बेमाप,
प्रत्येक अर्थ की छाया में अन्य अर्थ
झलकता साफ़-साफ़!
डेस्क पर रखे हुए महान् ग्रन्थों के लेखक
मेरी इन मानसिक क्रियाओं के बन गये प्रेक्षक,
मेरे इस कमरे में आकाश उतरा,
मन यह अन्तरिक्ष-वायु में सिहरा।

उठता हूँ, जाता हूँ, गैलरी में खड़ा हूँ।
एकाएक वह व्यक्ति
आँखों के सामने
गलियों में, सड़कों पर, लोगों की भीड़ में
चला जा रहा है।
वही जन जिसे मैंने देखा था गुहा में।
धड़कता है दिल
कि पुकारने को खुलता है मुँह
कि अकस्मात्—
वह दिखा, वह दिखा
वह फिर खो गया किसी जन-यूथ में...
उठी हुई बाँह यह उठी हुई रह गयी!!

अनखोजी निज-समृद्धि का वह परम-उत्कर्ष,
परम अभिव्यक्ति...
मैं उसका शिष्य हूँ
वह मेरी गुरु है,
गुरु है!!
वह मेरे पास कभी बैठा ही नहीं था,
वह मेरे पास कभी आया ही नहीं था,
तिलस्मी खोह में देखा था एक बार,
आख़िरी बार ही।

पर, वह जगत् ही गलियों में घूमता है प्रतिपल
वह फटेहाल रूप।
तडित्तरंगीय वही गतिमयता,
अत्यन्त उद्विग्न ज्ञान-तनाव वह
सकर्मक प्रेम की वह अतिशयता
वही फटेहाल रूप!!
परम अभिव्यक्ति
लगातार घूमती है जग में
पता नहीं जाने कहाँ, जाने कहाँ
वह है।
इसीलिए मैं हर गली में
और हर सड़क पर
झाँक-झाँक देखता हूँ हर एक चेहरा,
प्रत्येक गतिविधि
प्रत्येक चरित्र,
व हर एक आत्मा का इतिहास,
हर एक देश व राजनैतिक परिस्थिति
प्रत्येक मानवीय स्वानुभूत आदर्श
विवेक-प्रक्रिया, क्रियागत परिणति!!
खोजता हूँ पठार...पहाड़...समुन्दर
जहाँ मिल सके मुझे
मेरी वह खोयी हुई
परम अभिव्यक्ति अनिवार
आत्म-सम्भवा।

□□